GUSTAVO GUMIERO, PHD

GRITOS DA GUERRA

O CONFLITO RÚSSIA–UCRÂNIA
NA VOZ DAS MULHERES QUE SOFREM

1ª EDIÇÃO - CAMPINAS - 2023

REFERÊNCIA

© Gustavo Gumiero, 2023

Produção editorial:	A&A Studio de Criação
Revisão técnica:	Vanda Vedovatto Mello de Almeida
Revisão:	Marcelo Montoza
	Nilce Bechara
Diagramação:	Ione Santana
Capa:	Leonardo Malavazzi
Fotografia:	paparazzza/Shutterstock

Dados Internacionais de Catalogação na Publicação (CIP)
(Câmara Brasileira do Livro, SP, Brasil)

```
Gumiero, Gustavo
   Gritos da guerra : o conflito Rússia-Ucrânia na
voz das mulheres que sofrem / Gustavo Gumiero. --
1. ed. -- Campinas, SP : Referência, 2023.

   Bibliografia.
   ISBN 978-65-997416-1-6

   1. Ciências políticas 2. Guerra - Ucrânia -
Rússia - Século 21 3. Mulheres - Depoimentos
4. Mulheres - Histórias de vida 5. Mulheres -
Aspectos sociais 6. Ucrânia - Política e governo
I. Título.

23-144630                              CDD-920.72
```

Índices para catálogo sistemático:

1. Mulheres : História de vida : Biografia   920.72

Aline Graziele Benitez - Bibliotecária - CRB-1/3129

SUMÁRIO

INTRODUÇÃO 5
    Ano novo, conflito antigo 6
    O Brasil acompanha, mas não se posiciona 7
PARTE I – GRITOS DA GUERRA 11
    A história das guerras: dor e sofrimento 11
    Por que as mulheres? 12
    Gritos, e não vozes da guerra 14
DEPOIMENTOS 17
    Depoimento 1 – Oksana Kalashnikova (ucraniana) 19
    Depoimento 2 – Júlia (ucraniana) 28
    Depoimento 3 – Katerina (bielorrussa) 31
    Depoimento 4 – Anastásia (bielorrussa) 32
    Depoimento 5 – Tatiana (bielorrussa) 34
    Depoimento 6 – Olga (russa) 35
    Minhas impressões 36
PARTE II – HISTÓRIA DA RÚSSIA E GEOPOLÍTICA DO CONFLITO 43
O MITO FUNDADOR DA GRANDE RÚSSIA 43
    A formação da identidade russa 44
    O czar e o povo 47
    A Revolução de 1917 48
VLADIMIR PUTIN 51
    Gorbachev, Yeltsin e a sucessão 51
    Os loucos anos 1990 52
    Um novo czar? 53
    O apoio da Igreja Ortodoxa 56
    Os opositores 58
    Alexander Dugin e o eurasianismo 59
RÚSSIA E UCRÂNIA 61
    A Otan e o Pacto de Varsóvia 61
    Os conflitos antecedentes 62
    Entendendo a guerra atual 63
    A justificativa da guerra aos olhos de Putin 65
    Guerra declarada 69
A GUERRA E A TERRA: PERSPECTIVAS E DESAFIOS 81
REFERÊNCIAS 87

Introdução

As Olimpíadas de Inverno de 2022, em Pequim, terminavam e Vladimir Putin declarava sua "operação militar especial" à Ucrânia e ao mundo. Era 24 de fevereiro e os países presenciavam um movimento ainda não visto no século XXI: a soberania e a terra de um país sendo atacadas por outro. A Europa revivia o pesadelo às suas portas. E justamente no momento em que a humanidade havia vencido a batalha contra a covid-19, por meio do desenvolvimento de vacinas em tempo recorde, com uma espécie de união mundial para conter o avanço do vírus. A ciência vence a covid-19, a humanidade festeja o seu progresso, mas, nem totalmente finda a pandemia, a guerra revela uma das piores faces da espécie humana.

Sim, uma guerra após a outra. À guerra biológica se sucede a guerra de trincheiras, de drones, de mísseis, de horrores. Na Ucrânia, também, uma sucessão de batalhas. A batalha de Maidan em 2014 — a praça em Kiev onde os ucranianos protestaram contra o então presidente Viktor Yanukovich, pró-Rússia — nunca acabou para os ucranianos. Nem mesmo o mais pessimista dos moradores poderia imaginar ter de deixar seu país devido a uma guerra generalizada dentro do próprio território. Mais que uma guerra da Rússia contra a Ucrânia, trata-se de uma feroz e antiga batalha por poder entre a Rússia de Putin e a Organização do Tratado do Atlântico Norte (Otan). Não está na cabeça do presidente russo a reconquista dos territórios soviéticos, mas sim o medo da perda de influência sobre os países de importância geopolítica para os Estados Unidos e a Europa. O Kremlin não ia "deixar barato" tanta provocação.

Por isso, não se deve encarar esse momento como a tentativa da Rússia de reviver os tempos comunistas — Putin está mais para czar do que para Secretário-Geral do Partido Comunista. E até mesmo um renascimento da Guerra Fria parece muito longe do que o mundo vive no momento.

Ano novo, conflito antigo

No dia 31 de dezembro de 2021, eu estava em Kiev, capital da Ucrânia, para celebrar o Ano-Novo. Era a quarta vez que eu retornava ao país somente naquele ano. Não poderia imaginar que seria a última oportunidade de visitar a Ucrânia da maneira que eu a havia conhecido. Uma triste coincidência é que aconteceu o mesmo em relação à linda Síria. Visitei o país em 2010, meses antes da guerra civil que perdura até hoje e devastou a nação. A guerra só destrói.

Naquele último dia de 2021, as decorações natalinas na capital ucraniana estavam magníficas. Não fazia tanto frio como de costume, o que animava a população a sair às ruas e celebrar a chegada do novo ano. Apesar das movimentações dos tanques e do exército russo em torno das fronteiras, a sensação era de que não haveria guerra. Essa possibilidade, é claro, fazia parte dos noticiários, mas entre a população não senti esse temor. A guerra e a invasão pareciam algo de outra geração; a última de que se tinha notícia era de 1990, com o Iraque de Saddam Hussein invadindo o Kuwait.

Também em 2021, visitei por duas vezes — no inverno e no verão — a região de Chernobil, onde aconteceu a grande tragédia de 1986. A cidade de Pripyat evacuou, em questão de horas, todos os seus quase 40 mil moradores para evitar que fossem ainda mais atingidos pela radiação. Terra arrasada. Juntamente com Auschwitz-Birkenau (Polônia) e os Campos de Morte de Pol Pot (Camboja), Chernobil se apresentava a mim como um dos lugares que mostravam a capacidade do ser humano, a habilidade que desenvolvemos de matar e aniquilar. E também em Kiev, no museu do Holodomor, vi as lembranças da Grande Fome que assolou a Ucrânia na década de 1930, a mando de Joseph Stalin. Milhões de vidas foram perdidas, numa espécie de "holocausto esquecido". A Ucrânia é um país que se habituou a renascer.

A Rússia, naquele ponto, ainda não era inimiga. Nem a Rússia e nem seu povo. Ucrânia, Rússia e Bielorrússia eram povos irmãos, cuja história e mito fundador remetem exatamente à capital, Kiev, no século X da presente era.

Deixei Kiev em 5 de janeiro de 2022, sem saber que nunca mais veria aquele país da maneira que conheci. Uma nova Ucrânia será forjada por seu povo heroico e sofredor, que saberá alicerçar, por meio dos lamentos e da dor, pedra sobre pedra.

O Brasil acompanha, mas não se posiciona

O Brasil, apesar de não ter se envolvido diretamente com a guerra, pelo menos a tangenciou. Alguns personagens políticos, como Jair Bolsonaro, Luís Inácio Lula da Silva e o então deputado estadual Arthur do Val, que era filiado ao Podemos, foram notícia a respeito de suas declarações sobre o conflito.

Por ordem cronológica, cito os três. Em 21 de fevereiro de 2022, quando o conflito era iminente, Bolsonaro se reuniu com o presidente da Rússia, Vladimir Putin. O russo, no encontro, sorriu, um fato muito raro em sua vida pública. Bolsonaro justificou sua ida ao Kremlin como necessidade comercial, com apelo aos fertilizantes, e também de "defesa" do país, alegando que aquele encontro já estava marcado havia muito tempo e, por isso, não poderia ser cancelado.

Fato é que apenas três dias depois Putin autorizou a invasão à Ucrânia.

Menos de um mês depois, já em março daquele mesmo ano, os holofotes se viraram para o então deputado estadual de São Paulo, Arthur Moledo do Val. Arthur ficou famoso por meio de seus vídeos na plataforma YouTube em seu canal "Mamãe Falei". Com a fama, ele conseguiu se eleger deputado estadual por São Paulo nas eleições de 2018. Já como deputado, ele foi à Ucrânia em uma missão e, antes mesmo de retornar ao Brasil, um áudio vazado de um grupo do aplicativo WhatsApp revelou suas impressões sobre as ucranianas. Nas mensagens, Arthur dizia que as ucranianas eram muito bonitas, e ele planejava voltar ao leste Europeu o quanto antes — mesmo sendo noivo naquela ocasião. A frase mais polêmica dita por Arthur foi a que as classificou como objetos sexuais: "Elas são fáceis porque são pobres", insinuava ele para espanto do mundo. Arthur do Val viajou a um campo de batalha, onde a população sofria todo tipo de violência, para deter-se na aparência das mulheres e na possibilidade de se relacionar com elas. Para ele, contudo, houve punição. O parlamentar foi cassado pela Assembleia Legislativa do Estado de São Paulo (ALESP).

E, por último, mas não menos importante, destaca-se a entrevista para a revista estadunidense *Times*, da edição de 4 de maio de 2022, do então pré-candidato à presidência do Brasil pelo Partido dos Trabalhadores (PT), Luís Inácio Lula da Silva. Lula afirmava na entrevista que Volodymyr Zelensky, o presidente da Ucrânia, não havia negociado o quanto deveria para evitar a guerra. Em outras palavras, Lula colocava a culpa nas mãos do presidente ucraniano ao dizer que Zelensky quis a guerra — fato totalmente oposto à conduta do chefe da Ucrânia durante o período que antecedeu o conflito, pois em nenhum momento ele se colocou a favor da guerra. "Fico vendo o presidente da Ucrânia na televisão como se estivesse festejando, sendo aplaudido de pé por todos os parlamentos, sabe? Esse cara é tão responsável quanto o Putin. Ele é tão responsável quanto o Putin. Porque numa guerra não tem apenas um culpado", afirmou. E continuou: "Putin não deveria ter invadido a Ucrânia. Mas não é só o Putin que é culpado, são culpados os EUA e é culpada a União Europeia. Qual é a razão da invasão da Ucrânia? É a Otan? Os EUA e a Europa poderiam ter dito: 'A Ucrânia não vai entrar na Otan'. Estaria resolvido o problema".

Além disso, para ele, a União Europeia, a Otan e Zelensky deveriam ter negociado por mais tempo com a Rússia para evitar o conflito. E continuou a criticar o presidente ucraniano, afirmando que ele tem um "comportamento um pouco esquisito", porque parece fazer parte de um espetáculo: "Ele aparece na televisão de manhã, de tarde, de noite, aparece no Parlamento inglês, no alemão, no francês, como se estivesse fazendo uma campanha. Era preciso que ele estivesse mais preocupado com a mesa de negociação".

Zelensky, diz Lula, "quis a guerra": "Se [ele] não quisesse a guerra, ele teria negociado um pouco mais. É assim. Eu fiz uma crítica ao Putin quando estava na Cidade do México, dizendo que estava errado ao invadir. Mas eu acho que ninguém está procurando contribuir para ter paz. As pessoas estão estimulando o ódio contra o Putin. Isso não vai resolver! É preciso estimular um acordo". Lula demonstrava, assim, certa incompreensão da guerra, da história recente dos dois países e de todo o complicado processo que envolve o conflito entre essas duas nações.

PARTE I – GRITOS DA GUERRA

A HISTÓRIA DAS GUERRAS: DOR E SOFRIMENTO

A geração que nasceu a partir dos anos 1980 é uma massa que só ouviu falar de guerras. Pouco presenciou um conflito armado entre nações ou mesmo a iminência de um confronto bélico. A geração anterior talvez pouco se lembre de como era o "mundo da guerra", em que se sucedia uma após a outra, envolvendo as principais nações do globo.

A escritora bielorrussa Svetlana Aleksiévitch foi minha fonte de inspiração para elaborar este livro. Para ela, apesar de a guerra poder ser decidida por meio de uma bomba ou de uma assinatura, isso está longe de retratar as emoções que despertam em nosso tempo, pois é necessário olhar para as guerras com os olhos do sofrimento humano. Esta obra procurou ser, assim, muito menos uma história dos fatos e muito mais um retrato do sofrimento de quem vive o conflito.

Em sua obra *A guerra não tem rosto de mulher*, Aleksiévitch lembra que sempre foram os homens que "contaram" a história das guerras. A autora, ganhadora do Nobel, trilhou um caminho oposto ao escrever um livro com um teor revolucionário no gênero: enquanto outras obras sobre a guerra eram escritas por homens e para homens, Aleksiévitch deu voz às mulheres.

A escritora trouxe relatos femininos com a transmissão dos horrores que as mulheres viram e viveram. São essas as mais sinceras narrativas, que vêm de dentro da alma, e não dos jornais. Para Aleksiévitch, *o sofrimento é o grau mais elevado de informação* e o silêncio também é portador de esclarecimento. Palavras e silêncio, choro e reflexão fazem parte da história que elas contam. E a guerra "feminina" também tem um outro prisma, tem sua própria identidade, seu "cheiro", suas cores e um grau de sentimento elaborado.

Aleksiévitch tem um grande mérito por narrar histórias de testemunhas não notadas pela história, por dar voz ao pranto e ao grito que ficou engasgado, que nunca se libertou. Ela ensina que "o ser humano é maior que a guerra" e, por isso, em vez de escrever sobre a guerra em si, é desejável relatar as histórias de pessoas que a vivenciaram. Não são "apenas" testemunhas, mas atrizes e criadoras. Que esta obra possa ser uma espécie de "história da alma" daquelas testemunhas que aqui se apresentam.

Como a guerra afetou a vida das mulheres foi o que procurei documentar nestas páginas. O conflito marcou e marcará definitivamente a vida daquela gente. Como elas reagiram, o que sentiram e sentem. Reuni seis histórias que, apesar de diferentes entre si, mostram como a guerra é perversa. Como me disse uma das mulheres com quem conversei: em uma guerra são as pessoas comuns que mais sofrem.

Por que as mulheres?

Há mais de 50 mil mulheres atuando nas Forças Armadas da Ucrânia, segundo o Ministério de Defesa do país, que por sinal tem uma mulher ocupando o cargo de vice-ministra.

Entretanto há um outro exército feminino atuando nesse conflito. Desde que a guerra na Ucrânia começou, em fevereiro de 2022, a história de mulheres "comuns" que pegaram em armas e se voluntariaram para defender o país no combate com a Rússia circulou no mundo, por meio da imprensa e principalmente das redes sociais. São relatos de força, resiliência e coragem que colocam as mulheres em um outro patamar. São histórias que comovem por ver as mulheres assumindo papéis que antes eram exclusivos dos homens. Mulheres que deixaram as mais variadas profissões para se tornarem soldados.

Contudo esse contingente feminino armado e lutando pela pátria representa um percentual muito pequeno em relação às demais mulheres que não têm essa opção. São mães que precisam cuidar dos filhos, filhas que precisam cuidar dos pais ou jovens que se veem desamparadas e cujo único recurso é fugir. E sobreviver.

Em oito anos, a maioria do povo ucraniano já viu duas guerras. Em 2014, um conflito civil, que começou a partir de violentas manifestações na capital Kiev contra o governo do presidente eleito, Viktor Yanukovych. E, em 2022, por interesses que abrangem questões geopolíticas, a Rússia invadiu a Ucrânia, forçando milhões de pessoas a deixarem o país.

Guerras produzem vítimas. Aos milhares, aos milhões. Os civis são maioria entre as vítimas da Guerra na Ucrânia. E mulheres e crianças ocupam o topo dessa sangrenta estatística.

Os relatos de estupro, sequestro e morte chegam diariamente. A Organização das Nações Unidas (ONU) denuncia que os crimes sexuais são cometidos como uma "estratégia militar". Desumanizam a vítima, impõem o terror.

O medo de se tornar a próxima vítima de agressão sexual, a impossibilidade de continuar sobrevivendo sem uma fonte de renda e a ameaça dos bombardeios constantes impuseram uma nova realidade a milhões de mulheres. São mulheres anônimas, muitas delas jovens, que em sua curta vida já presenciaram dois conflitos armados em seu território. Mulheres que trabalhavam, estudavam, planejavam suas vidas e que, sem a alternativa de entrar para o combate, tentam recomeçar, muitas vezes em outros países, buscando se encaixar em uma nova cultura, reescrevendo a própria biografia, buscando entender que papel devem exercer nessa realidade paralela que tomou de assalto a Ucrânia.

Quem vive em território de paz — entendendo-se paz como a ausência de um conflito armado dentro da nação —, como é o caso do Brasil, talvez acredite que os que conseguiram deixar a Ucrânia devem sentir-se aliviados por estarem em segurança. No entanto essa percepção é falsa. Porque não há segurança quando não se tem a menor ideia de quando será possível voltar para casa. Ou mesmo se um dia isso será possível. Ou então em que condições reencontrarão o país hoje devastado. Sem emprego, sem recursos e muitas vezes sem esperança, refugiadas ucranianas precisam contar com a ajuda de desconhecidos, sem saber por quanto tempo essa solidariedade será viável.

E a guerra não se restringiu aos ucranianos. Residentes de países vizinhos também viram o horror chegar à sua porta. Há medo de que sejam os próximos a serem invadidos pela Rússia, e, assim, muitos deles também fugiram. E, claro, há ainda os russos que, a favor ou contra a invasão da Ucrânia, tiveram suas vidas alteradas, seja pelas sanções impostas à Rússia por outros países, seja pelo encarecimento do custo de vida ou porque possuem famílias na Ucrânia.

Eu estava na Rússia quando a guerra começou. Foi uma das personagens desta obra que me motivou a buscar relatos de pessoas que estavam vivendo esse momento. Seu nome é Oksana Kalashnikova. Ela já havia me provocado a escrever sobre a Ucrânia, ainda antes da guerra, mas com o início do conflito, ao ouvir sua história, mergulhei em seu sofrimento, seus pensamentos e, principalmente, em sua força, uma virtude que, reconheço, é mais comum nas mulheres do que nos homens. Decidi, assim, buscar outras mulheres para falar sobre esse conflito. Com exceção de Oksana, as demais aceitaram falar sob o compromisso do anonimato, o que, no entanto, não diminui o impacto de suas histórias.

Uma guerra é feita de batalhas no "front", de mortes, de territórios perdidos e conquistados. E é decidida e comandada por líderes, quase sempre homens. Mas uma guerra também é feita de testemunhas, de gente comum, que não vai ao campo de batalha e que já começa o conflito em total desvantagem. Tornam-se heróis sem perceber que o são, pelo simples fato de sobreviverem. Eram esses os relatos que me interessava ouvir. E as mulheres conseguem exprimir com muito mais realidade a forma como a guerra afeta o povo. Porque não se negam a falar de sentimentos, porque observam detalhes que muitas vezes escapam aos homens e porque, na ausência deles, precisam assumir o papel de protetoras, cuidando de filhos e pais.

Como testemunha desse confronto, também dou o meu relato. É o olhar de um estrangeiro em terras russas, cuja experiência não tem a pretensão de se igualar à daqueles que sofreram os horrores da guerra.

Gritos, e não vozes da guerra

O título deste livro poderia ser *Vozes da Guerra*, em vez de *Gritos*. Ao refletir, porém, sobre o assunto, não conseguia parar de pensar nas mulheres que entrevistei e na percepção que tive o tempo todo de que elas não apenas queriam falar, mas necessitavam dessa oportunidade.

Era como se a famosa tela de Edvard Munch, *O Grito*, ganhasse vida e uma alma atormentada precisasse expor aquilo que o olhar não conseguia captar. E para isso é preciso gritar.

Essas mulheres queriam que o mundo soubesse o que acontece em uma guerra. Elas queriam que o maior número possível de pessoas entendesse que uma guerra não se resume às batalhas que se travam na zona de combate. A guerra devasta prédios e principalmente vidas, transforma pessoas comuns em sobreviventes, aniquila sonhos e lança as pessoas em um drama para o qual elas não estão preparadas. Ninguém está.

Entendi que *Gritos da Guerra* era muito mais apropriado por resumir o desejo dos refugiados. Em alguns momentos, a voz precisa ganhar essa intensidade e sair da garganta como um grito, um protesto. E não deixa de ser um contraste em relação ao país causador da guerra, a Rússia, onde qualquer manifestação é severamente punida. Na Rússia não se pode falar o que se pensa, quanto mais gritar. Reina ainda, e com muita força, a histórica política do silêncio.

Por outro lado, as mulheres aqui entrevistadas puderam compartilhar suas histórias, lamentar, protestar, enfurecer-se contra os que promovem a guerra ou simplesmente deixar seu grito de dor. O silêncio não é uma opção para elas. Que suas histórias possam ser lidas e entendidas como aquilo que realmente são: gritos de quem só quer voltar a ter uma vida normal.

Depoimentos

Contadoras de histórias

George Orwell, o espetacular autor das distopias *A Revolução dos Bichos* e *1984*, disse certa vez que a história é escrita pelos vencedores. O escritor cunhou a frase em uma referência à possibilidade de os alemães vencerem a Segunda Guerra Mundial e escreverem a história da forma que lhes fosse mais conveniente.

Longe de mim querer contestar Orwell, mas a história não precisa necessariamente ser contada apenas pelos vencedores. Com a tecnologia dos tempos atuais, a história também pode ser relatada quase em tempo real por aqueles que a estão vivenciando, ainda sem saber se ao final estarão do lado dos vencedores ou dos derrotados.

Relatos de guerra constituem um material riquíssimo e, antes das redes sociais, eram também raros. Refiro-me a relatos de "pessoas comuns". A cobertura da guerra na Ucrânia nos traz diariamente notícias do "*front*" de batalha. Sabemos que determinada cidade foi bombardeada, que as tropas deste ou daquele lado avançaram ou recuaram, que um certo número de civis foi morto. E por mais que fiquemos comovidos, vejo essas informações como relatos frios, como um diário de guerra que se repete, apenas mudando a data, os nomes das cidades e os números. Porque para cada um desses bombardeios, dessas ocupações, dessas mortes, há histórias de vida. Algumas delas, quando extremamente chocantes, chegam ao nosso conhecimento; milhares de outras não. Talvez porque sejam consideradas banais demais para ocupar o noticiário.

Eu conheci pessoalmente a maioria das mulheres cujos relatos estão retratados nas páginas deste livro. E posso afirmar que não há nada de comum em suas histórias. Pouco antes de a guerra começar, elas viviam, sim, vidas normais. Mas a partir de fevereiro de 2022, elas se transformaram em outras pessoas. Projetos de vida foram destruídos, até suas identidades tornaram-se confusas. Muitas abandonaram o país de origem e tornaram-se refugiadas. Refugiadas. Esse substantivo que o dicionário não consegue nos dar conta do que realmente significa.

Quando busquei contato com ucranianas, bielorrussas e russas para ouvir seus relatos, eu não sabia exatamente quais depoimentos iria coletar. Eu poderia inundá-las de perguntas sobre o cotidiano na guerra, sobre o que viram, o que deixaram para trás e o que pensavam sobre o futuro. Porém, optei pela simplicidade. "Conte-me sua história", era o que eu pedia. Sem regras, sem direcionamento, sem imposições.

Isso deu a elas liberdade para que contassem aquilo que realmente acreditavam ser importante. Eu era apenas um ouvinte interessado, não um entrevistador buscando uma história que se encaixasse naquilo que despertaria maior atenção para os leitores.

Há uma nítida diferença nos relatos no que se refere aos sentimentos que cada uma dessas mulheres carrega, dependendo de sua nacionalidade. De modo geral, as ucranianas estavam tomadas pela raiva, sentiam-se inconsoladas, sem perspectiva de futuro. Percebi o quanto era dolorido para elas relatarem as suas experiências. E muitas preferiram o silêncio. Não por medo, mas por impossibilidade emocional de construir uma linha lógica de pensamento sem que as lembranças da guerra impedissem suas palavras. As ucranianas que entrevistei estiveram na República Tcheca, na Moldávia, na Romênia e na Polônia, os países que mais receberam as refugiadas.

As bielorrussas, por sua vez, por não terem vivenciado a guerra em seu território, nutriam mais um sentimento de incerteza com relação ao futuro que de revolta. Movidas pelo pânico, muitas delas emigraram rapidamente para a Geórgia ou Armênia logo após o início da invasão russa. Passados os primeiros meses, voltaram para a Bielorrússia e programaram a emigração definitiva de seu país. A Polônia foi o destino de muitas delas. Algumas empresas bielorrussas abriram escritórios na Polônia e levaram suas funcionárias para aquele país, que não dificultou a concessão de vistos. A propósito, nas ruas da capital, Varsóvia, era muito comum ver bandeiras ucranianas, prédios com a luz amarela e azul, em alusão às cores da Ucrânia, e manifestações contra Putin. Os poloneses receberam as ucranianas e as bielorrussas de braços abertos.

Já com relação às russas, tive conversas informais. Falharia se tentasse colher entrevistas formais com as russas, pois, em um país vigiado, o sentimento de medo impede qualquer manifestação. Mesmo assim, faço um apanhado geral do que ouvi, procurando relatar de forma resumida os pensamentos das russas com relação à guerra.

Com exceção de uma das mulheres com quem mantive contato, todas as demais pediram que suas identidades permanecessem no anonimato. Pedido que respeitei porque, ao acompanhar as trajetórias dessas mulheres, entendo o medo que as domina.

Como um espectador desse momento único, também não poderia excluir o meu próprio relato. Eu pretendia ser apenas um turista na Rússia, mas fui apanhado pela marcha da História. E, assim, também senti que precisava contar o que vi e senti, mesmo que minhas experiências absolutamente em nada se comparem ao que sofreram e sofrem as mulheres que são as protagonistas deste livro.

Depoimento 1 – Oksana Kalashnikova (ucraniana)

Uma vida afetada por dois conflitos

Aos 34 anos, Oksana Kalashnikova passou por duas guerras e enfrentou duas migrações. Não é o tipo de informação que se coloca em um currículo, mas são experiências que modificam e redefinem uma vida.

Nascida em Slovyansk, na região de Donetsk, hoje órfã de mãe e com um pai ausente, Oksana vivia em Kiev quando a Rússia invadiu a Ucrânia em fevereiro de 2022. Ela, a tia, a avó e o cachorro da família cruzaram a fronteira para refugiar-se na Romênia. A família acreditava que a guerra duraria poucos dias. Logo estariam de volta a Kiev. Logo retomariam a vida. Aos dias somaram-se semanas e depois meses, e a expectativa deu lugar ao desalento e à incerteza. Oksana começou a fumar e atribui o vício à guerra. Uma tentativa de aplacar a ansiedade. E essa foi apenas uma das transformações pelas quais essa jovem passou. Basta mirar seus profundos olhos azuis para que eles entreguem a dor que Oksana sente. Dor, aliás, é a palavra que ela mais usa em seu depoimento.

Oksana foi a grande incentivadora deste livro. Quando nos conhecemos, em julho de 2021, ela queria que eu escrevesse sobre a Ucrânia. Ela não se imaginava personagem de nenhuma obra, apenas queria que alguém contasse a história recente de seu país. A guerra com a Rússia não estava ainda no horizonte. Na época, eu não possuía conhecimento suficiente para me aventurar a escrever sobre a Ucrânia. Entretanto passei a entender um pouco mais sobre o país a partir das memórias de Oksana. Seus relatos foram feitos em duas etapas. Primeiro, em 2021, quando ela me contou sobre sua primeira migração em consequência da ocupação de 2014, quando deixou Lugansk para refugiar-se em Kiev. E depois, já em 2022, ela retomou a narrativa, falando sobre a segunda vez que enfrentava uma guerra.

Para algumas pessoas, lembrar um trauma é um exercício tão doloroso que o silêncio se faz preferível. Outras, contudo, encontram na narração uma maneira de expurgar a dor. Sinto que contar sua história talvez funcione como um processo de catarse para Oksana.

Nasci em 1988 na região de Donetsk, e desde os anos 1990 até 2014 eu vivi na cidade de Lugansk. Tanto Donetsk quanto Lugansk ficam no leste da Ucrânia. Hoje vivo na Romênia, para onde fugi quando a guerra começou em 2022. É a segunda vez que sou obrigada a fugir por causa da guerra. Esse conflito, além das mudanças que fui obrigada a fazer, também me trouxe muitas memórias da minha infância. Talvez seja a dor, porque não são memórias felizes.

"Eu sofri na infância, sofri na guerra de 2014 e sofro agora."

Minha mãe, que morreu em 2018 de câncer aos 56 anos, me batia. Ela era violenta comigo algumas vezes. A minha relação com o meu pai sempre foi fria. Eu não o vejo como um verdadeiro pai para mim. E agora eu entendo que eu não tenho pai, mesmo que ele esteja vivo. Eu até sabia disso antes, mas essa guerra me mostrou o quanto realmente eu não o tenho como um pai, o quanto ele não é um pai para mim. Ele nunca foi amoroso comigo, nunca tive o suporte dele, o carinho, o amor.

Quando eu estava no oeste da Ucrânia, fugindo da invasão russa, ele me ligou dizendo que a Rússia iria ganhar a guerra. E ele disse isso de uma maneira muito direta. Aquilo me deixou muito para baixo, porque eu pensava que a Ucrânia poderia ganhar. E aquela frase dele entrou na minha mente. O que mais me deixou triste foi o fato de que, no primeiro dia da guerra, ele nem me ligou, nem queria saber como eu estava. Foi uma dor muito, muito grande essa falta de afeto para comigo.

Esse tipo de pessoa, como meu pai, não deveria ter filhos. Porque o que eu vivi na minha infância me fez não querer ter filhos, quando geralmente as ucranianas têm, que é na faixa dos vinte e poucos anos. Eu não queria que meus filhos tivessem os pais que eu tive. Não desejo para ninguém a infância que eu tive, apesar de não ter sido uma infância tão horrível, mas estava longe de ser boa, pela falta de afeto e de carinho, de preparar para a vida, para que você possa viver uma vida saudável. Eu nunca tive essa boa experiência com minha família.

A minha infância inteira foi sob pressão. Eu me sentia pressionada todos os dias. Meus pais, para que eu aprendesse inglês, decidiram a escola para mim. Os professores eram muito frios, não parecia que eles se preocupavam com você. Eu não tinha outra opção, era a vontade dos meus pais e eu tinha de obedecer, pois eu não tinha direito à opinião nenhuma. Eu nunca tive opção de fazer o que eu queria. Eles nunca me perguntavam nada, e se eu não concordasse, minha mãe me bateria. Ela sempre falava comigo de uma maneira rude, raivosa, depressiva. Nunca na minha infância eu entendi se poderia ou não falar com ela.

Certo dia, uma professora de inglês me perguntou por que eu queria estudar inglês, e eu não conseguia responder, eu só chorava e dizia que era a vontade dos meus pais, que eles eram cruéis comigo, que eles me obrigavam a estudar inglês. Ela não acreditou em mim e, alguns dias depois, contou tudo para minha mãe. Um dia, quando eu estava voltando da aula de inglês, eu pensei que minha mãe fosse me matar. Penso que ela ficou com medo de que eu pudesse contar aquela história para outras pessoas. Então, depois daquele episódio, ela não me bateu mais. Eu tinha por volta de 12 anos.

De qualquer forma, eu não tinha autonomia nenhuma, eu tinha de fazer o que meus pais queriam. E por isso eu sempre tive medo, desde a guerra de 2014, de que algum soldado russo abusasse de mim. Foi o que me fez fugir o quanto antes. Era um medo muito grande de que acontecesse comigo.

O que eu não gosto na família ucraniana é a política do silêncio. Se você não tem uma boa relação com seu marido, sua esposa, não há essa liberdade de diálogo. Em Kiev, quando eu me mudei, escapando da guerra de 2014, ninguém me perguntava nada a respeito da minha vida, do meu sofrimento. A política do silêncio impera também no cotidiano ucraniano.

A primeira fuga

Em 2014 eu morava com meus pais e meu irmão em um apartamento em Lugansk. O começo da guerra, em 2014, foi em Maidan (a praça em Kiev onde os manifestantes ucranianos ficaram acampados), e depois da situação em Maidan, a Rússia começou a pensar sobre a guerra. Lugansk é muito próxima da fronteira com a Rússia, cerca de 70 quilômetros. Há muitas pessoas que vivem na região de Lugansk que são bastante próximas dos russos, porque temos muitas relações econômicas, como comércio e logística. Na minha cabeça, é assim que me lembro que começou a guerra em Donetsk, em 2014.

Eu ouvia a respeito da violência que exerceram, mas estava muito decepcionada porque naquela região nem mesmo se chamava aquilo de guerra. A região de Lugansk e Donetsk não considerava aquilo guerra, os políticos de lá não viam aquele conflito assim. Era muito nojento, eu me senti muito triste, era devastador. Mas entendendo que não havia nenhum suporte do país que eu vivia, era ainda pior. Eles chamavam apenas de um "regime" na Ucrânia. Era tão nojento, e emocionalmente muito difícil. Eles chamavam de Operação Antiterrorista [OAT] na Ucrânia.

Eu percebi que eu não vivia exatamente na Ucrânia, mas que eu vivia numa cidade da "região ocupada". Eu pensava: "Vocês estão dando para a Rússia nossa região, mas não chamam isso de guerra? Pelo que vocês estão lutando?". Eu não entendia muito bem toda aquela situação, pois naquela época eu não era muito interessada em política, como eu sou agora, como me tornei.

Aquela dor era muito grande porque, quando você não sabe o que está se passando, você fica perdida.

"Quando a guerra começou, em fevereiro de 2014, eu só pensava em viver mais um dia."

E depois ver. Viver o outro dia. Depois ver. Viver um dia de cada vez. E aquela condição ficava cada vez pior. Abril... Depois maio... Eu acordava, comia alguma coisa, ia trabalhar. E depois voltava para casa e assistia a alguma série para fugir daquela realidade. Para não vivê-la. Para não deixar que a guerra invadisse ainda mais o meu coração. Eu queria escapar ao menos mental-

mente, porque eu realmente não sabia o que fazer. Eu estava em "lugar nenhum". Foi um tempo horrível, um tempo "desconhecido", um tempo em que você sente que é apenas uma pessoa e que não pode mudar aquela situação. O que você pode fazer, o que você não pode? Eu estava quebrada, devastada, eu estava zero, inútil. Minha condição emocional estava tão para baixo, que parecia que eu não tinha alma. Eu me sentia um corpo que precisava comer, e só.

"Eu estava quebrada, devastada, eu estava zero, inútil."

O único entendimento que eu tinha naquele momento é que eu tinha um pouco de dinheiro e eu poderia escapar daquela situação. Era a única coisa que me vinha à mente.

Mas o que me impedia era saber que meus pais e meu irmão iriam ficar lá, pois não poderiam deixar nosso apartamento vazio. Ouvíamos muitas histórias de pessoas que deixaram suas casas e estas acabaram sendo invadidas. Se deixássemos nosso apartamento, nós não o teríamos novamente se voltássemos.

"Eu enfrentei duas guerras no período de oito anos da minha vida, e, se alguém me perguntar como eu me sinto, eu respondo: Isso dói, isso dói muito!"

Você sente essa grande dor dentro de você, entra na sua mente, no seu corpo, na sua alma, dói de uma maneira que não consigo descrever muito bem. Realmente parece que ataca cada parte do seu corpo, cada centímetro dele. Eu estava com muito medo da atmosfera da minha cidade. Era a atmosfera do perigo, do medo. Uma situação perigosa estava no ar. É como se você inspirasse o perigo e nunca mais o expirasse. Ficava em você, dentro de você, e não havia nenhuma possibilidade de expirá-lo.

Eu tinha apenas 24 anos quando eu vivi minha primeira guerra. Foi tão doloroso. Eu tinha 24 anos na primeira guerra e agora tenho 33 e é minha segunda guerra. Há muitas pessoas que morreram, mas que não deveriam morrer. E isso me veio à mente: "Quantas pessoas morreram nas guerras na Síria, na Geórgia, na Chechênia?". Eu era pequena quando houve a guerra na Chechênia (1994-1996). E eu ouvia sobre a guerra, mas não existiam tantas notícias como hoje, ficando restritas às informações vindas da televisão. As notícias diziam que na Chechênia estavam os terroristas, que eles eram os malvados, e que eles começaram a guerrear contra a Rússia.

"Eu estava com muito medo da atmosfera da minha cidade. Era a atmosfera do perigo, do medo."

E agora eu posso ver que não foram os chechenos que começaram a guerra contra a Rússia, como me foi informado quando eu era criança. Agora eu vejo que a perversidade veio do governo russo. Agora vejo que toda a minha infância foi envenenada com informações falsas da Rússia, com mentiras. Agora posso ver que os verdadeiros terroristas estão muito próximos de nós (ucranianos), sempre estiveram.

Naquela época eu não tinha a visão clara para poder fazer um julgamento correto dos casos, nós éramos levados pelas informações que vinham principalmente dos russos.

A guerra da Rússia contra a Chechênia é o mesmo tipo de guerra que estão fazendo agora contra nós, os ucranianos. Eles matam os civis, muitos civis, e eles bombardeiam as maternidades, os hospitais. Quando eu era criança contavam a história de que os chechenos eram os homens ruins e os russos tinham de matá-los, matar os terroristas. E eu tenho visto muitas notícias que comparam aquela guerra com a atual. Eles usam aqui os mesmos métodos violentos: estupram, matam. E hoje eu vejo quantas mentiras nos foram contadas. Agora eu entendo que as narrativas, os métodos cruéis, tudo isso se repete no território ucraniano.

Eu vejo que o mundo todo não ajudou a Chechênia naquele momento, assim como não está nos ajudando agora. A única ajuda é com equipamentos militares. Mas esses equipamentos têm demorado muito para chegar. Os Estados Unidos e a Europa poderiam terminar essa guerra em um dia, mas eles não fazem questão de participar ativamente dessa guerra. Eles não entendem que, se não pararem Putin, ele vai continuar a investir sobre outros países, como Estônia, Letônia, Lituânia.

Liberdade, um novo conceito

Em 2014, eu já sabia que a invasão era uma trapaça, sabia que aquele discurso de que a Rússia queria que os seus cidadãos, que supostamente sofriam nas regiões de Lugansk e Donetsk, fossem libertados da opressão ucraniana era uma falácia. Uma verdadeira mentira para justificar a invasão. Mas mesmo naquele momento eu ainda não conseguia entender o que estava acontecendo. Eu sabia que não deveria ser daquela maneira, mas eu não sabia muito profundamente as verdadeiras razões.

E, em 2014, o primeiro cessar-fogo, se eu não me engano, foi em maio, mas, logo no final do dia, eles (os russos) continuaram a guerrear. E no segundo dia a mesma história. Foi quando eu percebi e decidi que teria que me mudar de lá para um lugar seguro.

> *"Numa guerra, há um misto de sensações, de sentimentos. Você tem uma variedade de condições emocionais que você tem que trancar."*

Foi exatamente isso que eu fiz, eu me tranquei, eu tranquei todos aqueles sentimentos, e pensei: "Você tem que ir, você tem que sair daqui".

E eu fui para Kiev. Minha avó e alguns primos já moravam na capital. Inicialmente, não me senti muito bem quando cheguei a Kiev. A atmosfera para mim não era a ideal porque tinha muitas pessoas que pensavam que éramos nós, de Lugansk e Donetsk, que havíamos começado a guerra e pensavam também que nós apoiávamos a guerra. E não era verdade. Eu não conhecia ninguém do meu círculo de amizades que apoiava o conflito. Ninguém era a favor!

Nós, do leste da Ucrânia, não tínhamos nenhum problema com a Rússia e com os russos que moravam lá. E vou mais além, quem morava no leste da Ucrânia não era tão politizado quanto aqueles que viviam em Kiev. Em Kiev eu pude perceber que eles falavam muito sobre "liberdade", um conceito que pouco ouvi antes onde morava. Você respira a liberdade quando está em Kiev, há toda essa atmosfera de liberdade.

Sinto que as pessoas que moram lá são ucranianos patriotas. Onde eu morava, nós não podíamos dizer quem exatamente éramos. Era um misto de semiucranianos, semirrussos. Antes de ir para Kiev, eu não dizia: "Oh, sou muito orgulhosa de ser ucraniana", eu nunca tinha tido esse sentimento. Eu gostava da Ucrânia, mas não me sentia orgulhosa de ser ucraniana. Em Kiev descobri que eu era ucraniana, que eu amo a Ucrânia, que eu nunca fui russa e que eu não quero absolutamente morar na Rússia.

Ao mudar para Kiev, percebi aos poucos esse nacionalismo em mim, que me deu uma certa força para entender quem eu realmente era, a que país eu pertencia. E eu realmente gostei e gosto desse sentimento nacionalista que encontrei em Kiev. Eles têm esse espírito de cidadania, que você é cidadão ucraniano.

Mesmo com o fim do conflito de 2014, Oksana permaneceu em Kiev, conseguiu emprego e buscou levar uma vida normal. Mas isso durou apenas até fevereiro de 2022.

"Acorda, a guerra começou!"

No dia 24 de fevereiro de 2022, fui acordada pelo telefone às 6 horas da manhã. "Oksana, acorda, a guerra começou!". Era minha tia que me pedia que eu arrumasse minhas coisas e fosse até sua casa. Eu não tinha noção de quão grave era a situação, porque eu ainda não havia lido as notícias. E comparado à experiência de 2014, foi bem diferente, porque naquele ano tivemos tempo de nos preparar para a guerra, de saber o que fazer, porque primeiro foi a região de Donetsk e depois Lugansk.

Parecia um "déjà vu". Eu teria que fugir novamente. Pela segunda vez. Tentei manter a calma para não me sentir quebrada em peças como um quebra-cabeça. Eu coloquei na minha cabeça: "Sim, eu posso e tenho que fazer isso pela segunda vez." E esse sentimento era tão forte em mim que eu pensava: "Eu vou ficar bem."

"Era preciso se mover, todo o peso do mundo estava sobre você, mas você tinha que seguir em frente."

São estranhos os pensamentos que temos em situações extremas. Porque quando me dei conta do que realmente estava acontecendo, depois da ligação de minha tia, eu tirei as roupas do armário e pensava no que levaria e no que deixaria, do que precisaria e do que não precisaria. Decidi levar o mínimo possível, só para questão de sobrevivência. E eu pensava: "Será que eu tenho algum direito moral de levar um vestido nessa situação? Ou então sapatos de salto alto?". A resposta para mim era não, mas eu realmente fiquei pensando naquela situação toda, o que eu teria o direito de levar, porque a partir de então eram só roupas para situação de sobrevivência.

Parti de Kiev com minha tia, minha avó e nosso cachorro. Foram 25 horas de Kiev para o oeste da Ucrânia. Minha tia dirigia o carro, e eu percebia que nossos sentimentos eram iguais, que precisávamos fugir, esse era nosso objetivo. Essa era a força que nos movia.

Nós descobrimos que os russos estavam bombardeando todos os aeroportos, então não havia outra opção, não podíamos voar. E também destruíram todas as estruturas do Exército. Essas foram as primeiras notícias que tivemos, e tomamos nossas decisões baseadas nelas.

A viagem toda foi de muito medo, pois víamos mísseis passando. Estávamos indo em direção a Sheshori, na região de Ivano-Frankivsk, na casa de alguns parentes. Ficamos cinco dias na região de Ivano-Frankivsk, em uma pequena cidade. Esperamos lá por uma amiga da minha tia e pela mãe dela. E estávamos ainda pensando para onde ir. A amiga da minha tia tinha um amigo na Romênia e isso nos fez tomar a decisão de seguir para Bucareste.

A travessia durou oito horas. Na fronteira havia muita ajuda humanitária, oferecendo comida e orientação. Então, na primeira noite, ficamos num hotel próximo à fronteira. No dia seguinte, percorremos alguns caminhos de carro e dormimos em outro hotel. E no terceiro dia chegamos até o apartamento onde estamos vivendo agora, em uma pequena cidade perto de Bucareste.

Eu tinha uma amiga, que morava perto do aeroporto de Kiev (Boryspil), que decidiu ficar lá. Eu falava com ela e não entendia as razões que a moviam a ficar. Mas ela me explicou que em certas situações você não encontra força para ir a um lugar seguro, como nessa situação de crise. Você se quebra em pedaços e não consegue organizar os pensamentos nem mesmo para conseguir fugir e procurar um lugar seguro.

Nós imaginávamos que haveria a guerra. As evidências estavam bem claras a esse respeito. Os americanos diziam que estávamos em perigo e que a guerra começaria em meados de fevereiro. Apesar das evidências, a gente sabia que podia acontecer, mas não queria acreditar, por isso não fazíamos planos para nada. Não tínhamos um plano de evacuação, de escape.

"Nós sabíamos sobre guerras apenas pelos livros de história."

A gente apenas sabia como aconteceram as guerras, a Primeira Guerra, a Segunda Guerra. Mas quando acontece com você é muito diferente.

Aqui na Romênia as pessoas não sabem profundamente sobre a guerra. Sim, elas ouvem as notícias, sabem que a guerra existe, mas pelo fato de não terem sentido na pele a guerra, não sabem realmente o que está acontecendo, como a morte de civis e tantas outras coisas, assassinatos, estupros, tortura. Então eu não penso que as pessoas aqui entendam completamente todo o estresse que a guerra causa.

"É difícil para quem não é ucraniano entender tudo o que está se passando."

Eu continuo trabalhando na mesma empresa para a qual trabalhava quando estava na Ucrânia. Mas, por causa da guerra, muitas empresas, muitas companhias não estão pagando o salário devido corretamente. Nós continuamos a trabalhar, mas não estamos sendo pagos para isso. E outras empresas estão pagando o salário mínimo.

Agora que as pessoas estão unidas, e as empresas não colaboram, isso deixa você para baixo. Elas não estão sendo corretas. Muitos de meus colegas de trabalho estão em situação pior que a minha. Não é justo não pagarem corretamente.

Depoimento 2 – Júlia (ucraniana)

A médica que virou diarista

Conheci a Júlia em janeiro de 2020, em uma rede social. Eu pretendia visitar a Ucrânia e em nosso primeiro contato quis saber como era a vida naquele país. A resposta me surpreendeu porque ela falou sobre corrupção, desigualdade e falta de perspectivas. Como brasileiro, não pude deixar de perceber as semelhanças entre nossas realidades, apesar da distância entre Brasil e Ucrânia.

E mesmo com uma percepção bastante crítica, Júlia, também a exemplo da maioria dos brasileiros, afirmou que era feliz. Júlia é médica e naquela época trabalhava em uma clínica atestando laudos de exames de tomografia. Vivia sozinha na capital Kiev e nas datas festivas visitava a família, que morava em outra região.

Mantivemos contato por todo o ano de 2020. A época da pandemia havia sido difícil para os ucranianos. *Lockdowns* seguidos e severos, aumento do desemprego, empobrecimento de um país que já não era rico.

Por alguns meses, no começo de 2021, houve uma pausa em nossa conversação. Em março de 2021, eu finalmente cheguei a Kiev, e resolvi entrar em contato com ela para nos conhecermos. Foi um golpe de sorte, pois um dia depois do nosso encontro, ela partiria de férias para o Egito.

Júlia sempre foi muito crítica, mas era muito feliz. A guerra a transformou profundamente. Em junho de 2022, em uma de nossas conversas, eu contei a ela sobre meus amigos russos e lhe disse que nem todos apoiavam a guerra. Para Júlia, contudo, isso não significava alento algum. "Nada os ameaça, as bombas não caem do céu. Eles não precisam sair de casa para salvar suas vidas. O maior problema para eles (russos) é o fechamento do McDonald's. Eles nos odeiam e querem que todo o povo ucraniano morra", sentenciou.

Quando insisti que nem todos os russos pensavam assim, ela ponderou, mas manteve a posição crítica, dizendo que a maioria do povo russo apoia a guerra e que "as ambições do Império (o governo Putin) estão se espalhando por toda a Europa. Agora a Ucrânia é um escudo entre as civilizações e o império do mal". E continuou: "Seus amigos russos podem dizer que estão lutando com a Otan aqui. Na verdade, eles estão lutando com o povo ucraniano, ao mesmo tempo cometendo assassinatos, estupros, roubos. Não é uma luta contra a Otan. É contra nós, em nossa própria casa".

Seu depoimento deixa evidente a falta de perspectiva de futuro, o desalento, o desânimo. Na condição de refugiada na República Tcheca, ela morava de favor na casa de uma família e trabalhava como diarista. Seu diploma não é reconhecido naquele país e a única perspectiva é um curso de programação para trabalhar com Tecnologia da Informação (TI). Nada mais longe do que sua paixão, sua vocação, a medicina.

> *Eu não estou tão mal. Pelo menos não estou sob bombardeio. Ainda estou na República Tcheca, vivendo com uma família local. Eles são gentis, mas não posso ficar aqui para sempre.*
>
> *Não posso trabalhar como médica no exterior porque meu diploma não é da União Europeia. Preciso estudar cerca de 2 a 3 anos e passar nos exames exigidos aqui. É demorado.*
>
> *Comecei a aprender programação, mas também preciso de tempo para isso. No mínimo mais meio ano. Eu espero ter sucesso e conseguir algum emprego depois, mas nada é certo.*
>
> **"Então eu estou em ansiedade permanente."**
>
> *E também, no momento, não quero ir para um trabalho qualquer, porque é árduo, exige no mínimo de 10 a 12 horas por dia, talvez com apenas um dia de folga. Depois disso, acredito que não sobra energia ou tempo para estudar.*
>
> *Voltar para Kiev ainda não é seguro.*
>
> **"Acho que a guerra vai continuar por mais tempo. Porque Putin quer 'vitória' a qualquer preço."**
>
> *Recentemente, fui a um encontro de ucranianos aqui na República Tcheca. Conheci algumas mulheres legais. O que posso dizer é que é muito difícil para nós aqui, já que estamos um ou dois níveis em queda em comparação com a Ucrânia.*
>
> *Nossa educação secundária não importa aqui. Ou você deve voltar a estudar. Muitas pessoas vão trabalhar em fábricas, fazendas, etc.*
>
> *As condições são duras, o que não é bom para a saúde. E os salários não são tão bons (muitas vezes, menos de 1.000 euros). Quase todos esses trabalhadores são ucranianos. A população local não quer trabalhar assim. Somos mão de obra barata.*

Por isso, algumas pessoas estão voltando para a Ucrânia, mas não é seguro. E para as crianças, acho que é melhor elas ficarem na União Europeia. Pelo menos elas podem se tornar aqui pessoas de primeira classe. E essas crianças também representam lucro. Suas mães trabalharão mais aqui para criá-las. E em 5, 10 ou 15 anos, elas também trabalharão aqui e pagarão impostos.

É muito difícil para mim e para a maioria das pessoas, claro. Agora eu estou estudando, mas não sei se vai dar certo. Preciso de tempo para isso, pelo menos mais meio ano. E durante esse tempo eu preciso morar em algum lugar. E ficar muito tempo com essa família com a qual estou também não é confortável para os dois lados.

Também preciso decidir sobre o apartamento alugado onde eu morava em Kiev. Porque o proprietário quer receber o pagamento e não se importa com a guerra. E acho que voltar para Kiev ainda não é seguro. Então, tudo é difícil.

Entretanto, se eu for para algum trabalho qualquer, é um caminho para lugar nenhum. Depois não se terá tempo nem energia para estudar e conseguir oportunidades melhores.

"Às vezes fico desesperada, acordo no meio da noite em pânico."

Eu estou tão, tão insegura com tudo isso, estou muito instável emocionalmente. Às vezes eu desejo simplesmente deitar e desaparecer como se eu nunca tivesse existido.

Muitas pessoas ficaram em Kiev. Muitas mudaram para o oeste da Ucrânia. Mas os preços de aluguel lá imediatamente subiram de duas a três vezes. Na verdade, ficaram mais caros do que em Kiev antes da guerra.

Muita gente também foi para a Europa. Alguns voltaram, acho que cerca de 30%, talvez um pouco mais. Porque é difícil se integrar aqui. Ainda mais porque, como eu disse, aqui não somos ninguém e temos de começar literalmente do zero. Os diplomas não são válidos, temos de estudar e passar nos exames novamente, aprender o idioma local, etc. É mais fácil para especialistas em Tecnologia da Informação ou engenheiros. Mas para os outros é difícil. Nem todo mundo vai conseguir.

E também se as pessoas possuem propriedades, negócios, famílias na Ucrânia, elas preferem voltar. Claro que não para o leste. No leste muita gente perdeu tudo e não tem para onde voltar. É a mesma situação de cidades menores ao redor de Kiev e no norte. Mísseis continuam atingindo essas cidades de tempos em tempos, como aconteceu em Kiev alguns dias atrás. Eu acho que isso vai durar muito tempo, infelizmente.

Depoimento 3 – Katerina (bielorrussa)

"Tento apenas viver o hoje."

Katerina, de 33 anos, ficou órfã de pai na infância. Sua mãe foi quem sempre cuidou dela. Apesar de já pensar em abandonar a Bielorrússia antes mesmo da guerra na Ucrânia, ela relutava em sair do país, pois não queria deixar a mãe para trás. Katerina adotou um menino como "mãe solo". Desde 2020 ela planejava ir embora do país, desiludida com os rumos que a Bielorrússia tomava sob o governo do presidente Aleksandr Lukashenko, no poder desde 1994. A guerra na Ucrânia foi o estopim que a fez tomar essa decisão.

Diretora de *marketing* de uma empresa estadunidense que atua na Bielorrússia, Katerina conseguiu refugiar-se na Geórgia e depois no Chipre. Ela recebeu apoio da empresa para a qual continua trabalhando de forma remota. Hoje, Katerina diz que parou de planejar o futuro e prefere pensar a curto prazo, em virtude das incertezas que a guerra trouxe.

> Quando chegaram as primeiras notícias da guerra na Ucrânia, eu, de início, não acreditei. Perguntei ao meu namorado se ele sabia de algo. Ficamos chocados. Não conseguimos contatar nossos colegas no escritório da empresa em Kiev e então entendemos que era verdade, a guerra era real.
>
> Toda a empresa se colocou à disposição para salvar as pessoas e realocá-las para um lugar mais seguro. Literalmente, nossos gerentes estavam empurrando os funcionários e suas famílias para o trem para que deixassem o país ou fossem para o leste da Ucrânia. Mas alguns funcionários disseram que eles estavam deixando a empresa para ir defender e proteger seu país.
>
> **"Foi um período de medo sem que soubéssemos exatamente o que fazer."**
>
> Eu ia me mudar da Bielorrússia, mas não tão rapidamente. Eu estava esperando meu filho crescer um pouco para podermos ir. Mas, primeiro, a atitude do governo em relação à covid-19 mostrou completa ignorância e falta de bom senso com a deficiência de todos os sistemas. Não havia pessoas ansiosas para protestar e falar para a população sobre a seriedade da pandemia. Então, vieram as eleições de agosto de 2020, quando estávamos todos com medo de sermos presos, espancados e estuprados pela po-

lícia. E, por fim, a guerra. Foi a última gota que me fez decidir que nem eu nem meu filho contribuiríamos mais com esse país.

Com apoio do meu chefe, nos mudamos para a Geórgia. Era tão triste deixar tudo para trás. A Geórgia é um ótimo país para passar férias, mas não tão agradável para morar. Por isso, decidimos seguir em frente. Agora estou no Chipre. Eu já vivi aqui há muito tempo. Me sinto em casa — quase uma sensação impossível hoje em dia. Como está cheio de imigrantes, não me sinto uma estranha aqui. Tenho amigos e pessoas que podem me apoiar e me fazer sentir confortável novamente. Mas sei que muita gente não tem esse apoio. Nem consigo imaginar a dificuldade que as pessoas enfrentam quando têm que deixar suas casas e seus empregos.

> **"Mas meu futuro hoje é encurtado para alguns meses. Isso é tudo o que posso planejar. Parei de guardar e investir dinheiro, apenas tentando viver o hoje e desfrutar de momentos preciosos de paz."**

Parei de planejar e não tenho ideia do que vai acontecer até o final do ano.

Refletindo sobre a guerra na Ucrânia, eu não apoio a ideia de que no conflito há apenas um culpado, que é Putin (ou a Rússia). É muito mais profundo. Mas o que eu sei é que qualquer guerra é ruim, e hoje, tendo aprendido todas as lições do passado, os conflitos deveriam ser resolvidos de outra forma.

Depoimento 4 – Anastásia (bielorrussa)

"Serei feliz novamente?"

Dois anos antes da guerra na Ucrânia, a bielorrussa Anastásia, de 39 anos, estava em um momento especial de sua vida. Ela e o marido comemoravam a chegada do terceiro filho, sua carreira profissional ia bem e a família estava construindo uma casa própria. No entanto dois episódios abalaram a tranquilidade. Primeiro, a pandemia de covid-19, que se espalhou pelo mundo em 2020. No mesmo ano, houve a crise política na Bielorrússia, que inundou o país de incerteza. A guerra na Ucrânia serviu para agravar uma situação que já caminhava para o caos. A vida de cartão-postal com a qual Anastásia sonhava se desfez pouco a pouco e ela foi obrigada a deixar seu país. Sua mente hoje é povoada de questionamentos para os quais ela não consegue encontrar respostas. "Serei feliz alguma vez de novo como fui em 2019?", pergunta-se.

Anastásia é a única mulher, entre as que aceitaram dar seu relato, que não conheci pessoalmente. Temos uma amiga em comum, a Natália, que foi a ponte para o depoimento. Ambas eram colegas de trabalho e fizeram o mesmo caminho quando a guerra se iniciou: voaram às pressas para a Geórgia, onde ficaram por mais de um mês.

Diferentemente de Anastásia, Natália não tem filhos, e, por isso, quando a empresa onde trabalhava em Minsk, capital da Bielorrússia, anunciou a transferência de sede para Varsóvia, capital da Polônia, ela e tantas outras mulheres decidiram se transferir para lá, onde seguem a vida com dignidade, mas sentindo falta de seu país. A saudade é aplacada com frequentes viagens de ônibus à terra natal.

> *Considero-me uma mulher comum que gosta de lagos, florestas, céu azul e campos de flores da Bielorrússia.*
>
> *Eu morava em Minsk, capital, e mesmo já tendo pensado em me mudar, a rotina com o trabalho se arrastou e acabei por ficar na Bielorrússia. Gostaria que meus filhos estudassem no exterior. Minhas sobrinhas, por exemplo, estudam na Europa, e meu irmão mais velho mora e trabalha em Moscou para poder sustentá-las financeiramente. E em Minsk ficamos só eu, meu marido e filhos e minha mãe de 77 anos.*
>
> *Eu estava completamente feliz em 2019. Tinha um bom trabalho, estava sendo reconhecida profissionalmente. Em 2020, no final de março, nasceu meu filho mais novo.*
>
> **"Eu tinha planos definidos e estávamos sonhando que nossa casa própria estaria pronta em alguns anos, onde pudéssemos tomar café da manhã na grama verde, comer cereja fresca ou sentar na poltrona em frente à lareira."**
>
> *No entanto, em 2020, a primeira preocupação veio juntamente com a pandemia da covid-19. Meses depois, em agosto daquele mesmo ano, ficamos chocados por causa da situação política na Bielorrússia. E meu mundo desabou!*
>
> *Eu estava pensando em realocação a partir de 2020, mas havia muita dificuldade para conseguir. Filhos pequenos, escola para os mais velhos, o bom emprego do meu marido... Então chegou o dia 24 de fevereiro — o dia que a guerra começou na Ucrânia — e já não havia como voltar atrás.*
>
> *Não me lembro de ter tido tanto pânico antes. Nos primeiros dias estávamos apenas lendo notícias e ligando para todo mundo.*
>
> **"Seria tão lógico que todos fossem contra a guerra."**

Entretanto não era verdade. Antes de tudo eu ouvi da minha mãe coisas estranhas sobre "nazistas na Ucrânia", e eu não conseguia entender de onde vinham aqueles pensamentos. Mas então ela me disse que meu irmão deu a ela o conteúdo "certo". E não consegui convencê-la a mudar de ideia.

Ela nasceu em 1945 e não há nada mais perigoso para aquela geração do que a guerra e o nazismo. Eu sei como esse tipo de propaganda funciona. Chorei, discutimos, mas depois pensei que poderia perdê-la. E fizemos um acordo — não falar mais de política. Com meu irmão, eu não falo desde 24 de fevereiro.

Queríamos sair da Bielorrússia. Mas havia uma fila de cinco horas para comprar passagens em qualquer lugar, e chegamos ao Azerbaijão porque aceitamos pagar um valor absurdo de cerca de dois mil dólares, que era a única forma de deixar o país. Fizemos testes de covid em Baku, mas depois não havia passagens disponíveis de Baku para Tbilisi (capital da Geórgia), para onde queríamos ir. Tivemos de ficar 10 dias em um albergue em Baku com três crianças, e finalmente conseguimos voar para Tbilisi. Lá foi a primeira noite que consegui dormir desde o início do conflito.

O que eu tenho atualmente? Tenho 39 anos e três filhos de 2 a 13 anos. De Tbilisi estou me mudando para a Polônia e não tenho 100% de certeza de que eles, os poloneses, estarão felizes em nos receber lá. Meu marido está desempregado porque, apesar de ser um ótimo gerente de vendas, ele não fala inglês. E ele precisa voltar para a Bielorrússia, pois nossa casa nova ainda não está finalizada. E não posso levar minha mãe comigo para a Polônia, já que ela não tem visto e agora parece impossível obtê-lo, porque muita gente está saindo da Bielorrússia. Posso ter certeza de que ela vai ficar bem? Como eu posso viver bem se não a vir? Serei feliz alguma vez de novo como fui em 2019? Quem pode me dar uma resposta?

Depoimento 5 – Tatiana (bielorrussa)

"São as pessoas comuns que sofrem."

Tatiana, 34 anos, morava em Minsk, capital da Bielorrússia, e planejava mudar-se para a República Tcheca para viver com o namorado. A guerra interrompeu seus planos, acabou com seu relacionamento, a fez perder o emprego. Em seu depoimento, ela faz uma reflexão profundamente verdadeira sobre os efeitos de uma guerra: "Quem sofre mesmo são as pessoas comuns".

Eu morava em Minsk e trabalhava na área de logística, em uma grande empresa do ramo. No dia do início da guerra, eu estava trabalhando e pensei que as notícias fossem falsas. Mas não eram. De qualquer forma, achei que fosse durar só um dia, e tudo se resolveria de forma rápida. Mas não foi. O que estava acontecendo? Por quê? Eu não entendia.

Eu estava em uma relação de seis meses com um homem da República Tcheca, e estávamos planejando morar juntos em Praga, mas aquele país foi um dos primeiros a dizer que não expediria mais vistos para cidadãos da Rússia e da Bielorrússia. Eu fiquei chocada. Isso não era justo.

"Por que o destino estava sendo tão cruel comigo?"

E nós terminamos, ele terminou comigo.

E no meio de tudo isso, eu comecei a procurar um novo emprego, pois a empresa para a qual eu trabalhava na Bielorrússia decidiu fechar a operação menos de dois meses depois do início da guerra. E para mim o país mais fácil era a Polônia, já que eu tenho raízes polonesas e é um destino comum para os bielorrussos.

Mudei para Varsóvia por três razões: por medo da guerra, por ter perdido meu emprego em Minsk e por ter encontrado aqui um novo trabalho.

"Mas eu acho essa guerra muito injusta, quem sofre mesmo são as pessoas simples, como eu."

Essa é minha história. Eu perdi meu emprego, eu perdi minha relação, deixei para trás minha mãe, mas espero que seja para melhor.

Depoimento 6 – Olga (russa)

Sem futuro na Rússia

A Itália era o destino da russa Olga. Depois de visitar o país em 2019, ela se apaixonou. Estudou o idioma para aprender mais sobre a cultura do país e, poucos meses antes de a guerra começar, conheceu um italiano. Ambos passaram a traçar planos para viverem juntos na Itália. Contudo, Olga teve o visto negado, a exemplo do que ocorreu com milhares de outras russas.

Ela não sabe se um dia conseguirá deixar a Rússia. Logo Olga e sua família, que fazem parte da minoria contrária à invasão da Ucrânia pelo seu país, e que não têm liberdade de expressar o que pensam.

Meu nome é Olga, tenho 28 anos e moro em Novosibirsk. Sou filha única. Meu pai morreu de câncer em 2021. Vivo num apartamento, no mesmo edifício em que mora a minha mãe e o atual marido dela.

Conheci a Itália em 2019 e me apaixonei pelo país. Meu visto era de seis meses, por isso consegui voltar novamente em fevereiro de 2020, por sorte antes da covid ter sido considerada uma pandemia.

A paixão pela Itália foi tão grande que resolvi começar a estudar italiano pelo simples fato de ter amado o país e a cultura. Mas eu jamais imaginava que, menos de dois anos depois, eu fosse conhecer um italiano. Nos conhecemos no final de 2021, portanto, antes da guerra começar. Nossa relação foi tão saudável e prazerosa que começamos a traçar planos para morarmos juntos na Itália.

Eu procurei algumas universidades e decidi fazer o mestrado lá. Só que, para isso, eu precisava do visto de estudo. O sonho se tornava cada dia mais real, e eu me sentia cada vez mais na Itália. Eu entreguei todos os documentos necessários à agência de vistos, não havia nenhum requisito que eu não preenchesse. Traduções de diplomas, extrato bancário, enfim, uma infinidade de documentos, todos checados e corretos. Eu tinha certeza de que eu receberia o visto e iria realizar meu sonho de morar na Itália com o meu companheiro italiano.

Mas, uma semana depois, meu visto foi negado. O consulado italiano explica item por item o motivo da não aprovação. É claro que tudo o que eles listaram é subjetivo, pois todos os documentos, objetivamente, eu entreguei.

"Entendi que meu visto foi negado por causa da guerra."

Minha história não é única, se mistura à de milhares de russas e russos que tentaram o mesmo caminho que eu, mas não conseguiram.

"No meu caso, são sonhos desfeitos. Podem ter sido 'apenas' adiados, mas não sei por quanto tempo essa maldita guerra ainda vai perdurar. Logo eu e minha família, que somos todos contra esse conflito."

Por sorte, tenho um bom emprego e consigo me manter. Mas não vejo futuro nenhum na Rússia. O desalento toma conta em toda parte.

Minhas impressões

Na Rússia, a vida normal

Em 2007 eu estava em um trem na Itália e, próximo a mim, sentou-se uma mulher que, durante as duas horas de viagem, não desgrudou os olhos de um livro. Tive a curiosidade despertada pela capa do livro, cujos caracteres eram muito diferentes do alfabeto latino. Eu soube depois que era o cirílico, o alfabeto utilizado pela língua russa.

Ao desembarcarmos, ajudei aquela passageira com as malas e conversamos um pouco. Soube então que ela era russa e estava morando na Itália. Esse encontro casual em um trem italiano foi o primeiro contato que tive com alguém da Rússia.

Só fui conhecer o país em 2016. Foi uma passagem de menos de uma semana por Moscou, mas suficiente para me apaixonar pela história e pela cultura russas. A Rússia é muito mais do que o Kremlin, a Praça Vermelha e a fenomenal Catedral de São Basílio. A história do país é digna dos melhores romances. Na literatura, aliás, os russos "nadam de braçada", assim como em outras manifestações culturais e artísticas. E foi esse país que encontrei em 2016.

Meu encantamento fez-me regressar dois anos depois. Planejava ficar em Moscou por 15 dias, mas acabei permanecendo dois meses. E eu teria retornado em 2020, mas a pandemia de covid-19 postergou meus planos. A exemplo de outros países, a Rússia fechou as fronteiras por longos dois anos.

Em dezembro de 2021, o país reabria para os brasileiros. E a vontade que eu tinha de passar o verão lá, que seria em 2022, veio com mais força. Em fevereiro eu planejava o roteiro quando explodiu a guerra.

Vou visitar um país em guerra? "Você está ficando louco", diziam. Eu ainda não tinha certeza, mas procurei informações sobre como estava o país. "Vida normal", foi o que me disseram. A guerra acontecia, mas em território ucraniano. Meu desejo de ir era ainda mais forte, porque queria ter as minhas próprias percepções e sensações da guerra e colher as dos russos.

Os preparativos para essa viagem à Rússia foram um pouco diferentes das outras duas vezes. Os aplicativos mais populares de reserva de hotel ou apartamentos já haviam encerrado suas operações na Rússia. Descobri outros dois aplicativos russos que tinham o mesmo propósito, mas não transmitiam confiança nem aceitavam cartão de crédito internacional.

Por intermédio de um acordo de bilateralidade com o governo russo, os portadores de passaporte brasileiro podem viajar ao país sem a necessidade de visto e ficar lá por um período de até 90 dias. A exigência, além disso, era um teste PCR, realizado 48 horas antes da chegada ao país — comumente eram 48 horas antes do embarque.

O seguro-viagem não era obrigatório, nem o comprovante de hospedagem em algum hotel. De qualquer forma, muni-me dos dois porque não queria ter nenhum tipo de questionamento no controle de passaporte. E não houve. Passaporte carimbado. E eu entrei na Rússia, pelo aeroporto de Pulkovo, em São Petersburgo, no dia 17 de junho.

Minha intenção era visitar as três maiores cidades da Rússia: Moscou, São Petersburgo (que fora capital por cerca de 200 anos) e Novosibirsk, a capital da região da Sibéria. Foi minha primeira visita a São Petersburgo, a cidade que o czar Pedro, o Grande, idealizara e construíra no início do século XVIII sobre um enorme pântano. Pedro queria que a Rússia se voltasse para a Europa e lá era uma área bem próxima do continente europeu. São Petersburgo foi construída não para ser uma cidade, mas uma joia.

A "vida normal" realmente seguia na Rússia. Ainda mais em São Petersburgo, ou "Piter", como os russos costumam chamar carinhosamente aquela cidade: o esplendor da arquitetura local fascina. Era tempo das "noites brancas" — que Dostoiévski imortalizou em sua novela homônima —, os dias que não têm fim no final de junho, em que a luz do dia nunca desaparece. Eu e os russos estávamos tão próximos, mas ao mesmo tempo tão distantes da guerra. De São Petersburgo a Kiev, a apenas cerca de 1.200 quilômetros, o pior conflito do século XXI se arrastava havia já quatro meses.

Entretanto os russos estavam tendo, dentro de seu próprio país, uma "vida normal". Não havia nem conflitos, nem mísseis, nem alarmes em terras russas. A população mantinha seu fluxo de trabalho, diversão, descanso.

Ao mesmo tempo em que os russos seguiam seus compromissos, constatei a quase ausência de turistas estrangeiros, mais especificamente que falassem outra língua que não o russo. Um fato raro, já que principalmente São Petersburgo era um destino muito comum para os turistas europeus que, naquele momento, abandonaram esse roteiro, fosse pelo medo da guerra, fosse pelo valor exorbitante das passagens — já que não havia mais voos diretos da Europa para a Rússia, somente via Turquia, Emirados Árabes ou Qatar.

Tendo conhecido a cidade por dez dias, voei para Moscou, para onde retornava pela terceira vez. Já no trajeto do aeroporto para o centro, deparei-me com grandes painéis com os "heróis" da guerra, os soldados russos que haviam morrido no conflito. Nenhum rosto de mulher.

Em Moscou, mais da vida normal. No lugar em que fiquei hospedado, comecei a acompanhar os programas de televisão. Num dos principais canais estatais, todos os dias no fim da tarde, havia uma mesa-redonda discutindo as principais batalhas e estratégias da guerra — lógico que do ponto de vista do governo russo. Era um programa com especialistas em guerra, e muitos repórteres ou mesmo soldados que entravam ao vivo na transmissão diretamente do campo de batalha. Nos jornais impressos, pouco se comentava o conflito. Vale lembrar que a imprensa ou é estatal ou sofre forte censura do governo russo.

Caminhando por Moscou, era comum encontrar cartazes em pontos de ônibus com a frase "Pela Rússia, pelos filhos de Donbass", um forte aparato da propaganda do presidente Vladimir Putin, que ainda mantinha sua grande popularidade e aprovação.

As notícias da guerra vistas sob a ótica do Ocidente só poderiam ser lidas pela internet. No entanto as maiores e mais populares redes sociais e alguns portais de agências de notícias europeias estavam bloqueados. Era necessário usar um Virtual Private Network (VPN) [Rede Virtual Privada] para ter acesso a elas. Mas a conexão era lenta e não se conseguia utilizar normalmente as redes.

A minha maior dificuldade na Rússia nessa terceira viagem certamente foi a questão do "dinheiro contado". Antes de viajar, fiz uma estimativa de gastos e tive de levar o equivalente em espécie, já que cartão de crédito internacional não funciona lá. As sanções econômicas impostas pelo Ocidente à Rússia desconectaram o país do sistema SWIFT — um sistema interbancário mundial —, fazendo a Rússia ser uma espécie de pária em termos financeiros.

Tensão com a polícia russa

Ativistas de direitos humanos já manifestaram preocupação com a forma pela qual o governo de Vladimir Putin impõe controle sobre a população e impede a liberdade de expressão. Os homossexuais estão constantemente na mira de leis rigorosas, assim como a imprensa.

Presenciei muito de perto a animosidade da polícia russa por causa de uma lata de cerveja. Na Praça Vermelha, cartão-postal de Moscou, fui abordado por um guarda. Eu segurava uma latinha de cerveja, e ele me explicou rispidamente, em russo, que não era permitido andar com bebida alcoólica em público e que ele iria me conduzir à delegacia.

A delegacia ficava a menos de 100 metros de onde estávamos. Contudo, nesse curto trajeto, vários pensamentos passaram pela minha cabeça. Afinal, eu não conhecia a lei russa, não sabia qual seria minha punição, se eu teria que ficar detido ou não. Ao chegar à delegacia, perguntei ao policial qual seria minha pena. Usando o tradutor do celular ele me mostrou o valor de 500 rublos, que seria a multa que eu teria de pagar. Esse valor equivalia a cerca de 50 reais na época.

Esperei aproximadamente uma hora até que o policial que me havia detido mostrou o papel onde ele registrara minha detenção — frente e verso de uma folha — e disse-me para esperar ser chamado pelo guichê para pagar a multa e finalmente ser liberado. Minutos depois, eu sacava um chiclete do bolso, e o policial da recepção me pediu um, o que eu prontamente atendi. Passado pouco tempo, ele olhou para mim e, com a cabeça, apontou a direção da porta de saída. Para me fazer entender, gesticulei, perguntando se poderia ir embora, e ele acenou positivamente. Saí da delegacia com os mesmos rublos que entrei. Fui detido por causa de uma lata de cerveja e liberado por um chiclete.

A coisa não tão ruça assim

Decidi produzir alguns vídeos enquanto estava na Rússia para relatar minhas impressões sobre o país em tempo de guerra. A série foi chamada de "A coisa tá ruça", uma expressão conhecida no Brasil, que exprime dificuldade, dureza. Entrei em lojas, visitei parques e praças registrando o que via.

Eu queria também gravar dentro da rede de *fast-food* russa que havia substituído o McDonald's. Essa gigante de *fast-food* fechou suas portas na Rússia após o início da guerra na Ucrânia. A princípio, recebi autorização de uma funcionária, com a ressalva de que eu não filmasse a cozinha. No entanto, ao final da gravação, duas gerentes me abordaram e me encheram de perguntas a respeito do conteúdo do vídeo e do que eu falava. Percebe-se que há sempre um receio entre os russos, uma tensão, um certo medo que é potencializado pela censura constante que o governo exerce sobre a população.

Durante cerca de 40 dias essa foi minha rotina em Moscou. Eu rodava a cidade e colhia minhas impressões de estrangeiro em um país que está em guerra, mas que não parece estar. Muito diferente do que ocorria na vizinha Ucrânia.

Parti para Novosibirsk, a terceira maior cidade russa, capital da região da Sibéria. Lá, durante uma semana, fiz programas típicos de um turista, visitando zoológico e museus e, ao mesmo tempo, mantendo contato com os russos para ouvir deles opiniões sobre o conflito armado. Sete dias depois, eu voltava a Moscou para uma breve estada antes de deixar o país em 12 de agosto. Na Rússia, a coisa não estava tão ruça assim.

Um mês depois que deixei a Rússia, Putin anunciou um grande alistamento de 300 mil reservistas, o que gerou pânico e revolta da população local. Muitas pessoas saíram para protestar nas ruas e, consequentemente, foram presas. A várias delas era dada a opção de se alistar para a guerra imediatamente ou passar até 10 anos na prisão. Mas até essa convocação, protestos contra a guerra eram raríssimos na Rússia — e severamente punidos com prisão.

A guerra trouxe sanções e problemas para os russos, e mandará sua conta num futuro não tão distante. Não ter redes internacionais de *fast-food* ou uma marca de refrigerante não podem ser considerados problemas diante do sofrimento do povo ucraniano. A Rússia, uma conquistadora histórica, se torna um pária no mundo, contando com sua gigante extensão territorial para provimento de matéria-prima e para manter a sua população num grau mínimo de satisfação.

PARTE II - HISTÓRIA DA RÚSSIA E GEOPOLÍTICA DO CONFLITO

A RÚSSIA NO TEMPO E NO ESPAÇO

O mito fundador da Grande Rússia

As origens históricas e lendárias da Rússia remetem à cidade hoje conhecida por Kiev, capital da Ucrânia. Foi lá que, entre os séculos IX e X, o que hoje se denomina Estado russo foi fundado, desenvolveu-se, e em 988 tomou sua forma com a conversão do príncipe Vladimir, o Grande, ao cristianismo. A fusão de mito e realidade, como em tantas outras histórias de fundação de um povo, é, no caso da Rússia, verificada no encontro entre as tribos dos Poliani, de Kiev; dos eslovenos, de Novgorod e dos Variagui, da Escandinávia, exatamente no curso do rio Dnepro. Kiev era destinada a tornar-se a "mãe" de todas as cidades russas.

A Rússia é o maior país do mundo em extensão territorial. E foi o único país do Oriente a fazer frente ao Ocidente no período pós-Revolução Industrial. Foram as vitórias contra o exército de Napoleão Bonaparte em 1812 e contra a Alemanha de Hitler em 1944, assim como o contraponto ao domínio estadunidense no período conhecido como Guerra Fria, que chancelaram a Rússia como, além de um país extenso, uma nação forte.

Na Rússia, tempo e espaço podem ter outra conotação daquela conhecida no Ocidente. O czar russo podia se vangloriar apenas pelo fato de ser o "dono das terras russas".

Para se ter uma ideia, o território russo cresceu, de 1552, quando da captura de Kazan, a 1917, ano da Revolução, no ritmo de 100 mil km² por ano, demonstrando o apreço e o apetite voraz daquela nação por terras. Terras significavam riqueza, mesmo que fossem de posse de pouquíssimos nobres, além da família imperial.

O espaço, apesar da imensidão do país, torna-se menor devido à união das pessoas por meio da cultura, da história e da língua em comum. É isso que une os russos, assim como o espaço desbravado por Iuri Gagarin, o primeiro ser humano a viajar pelo espaço, em 1961, a bordo da Vostok I.

A formação da identidade russa

O historiador Orlando Figes, em sua grande obra *Uma História Cultural da Rússia*, na qual me apoio neste capítulo, aponta que a Rússia, como nação, parece "se manter unida pelos fios invisíveis de uma sensibilidade nativa". Segundo Figes: "Há um temperamento russo, um conjunto de crenças e costumes nativos, algo visceral, emocional, instintivo, passado de geração em geração, que ajudou a configurar a personalidade e a unir a comunidade".[1]

Para ele, essa "sensibilidade nativa" é encontrada em todos os eventos da vivência cotidiana, sejam os mais simples, como a infância, os hábitos de comer e beber, sejam os mais marcantes, como o casamento e a atitude perante a morte. Ainda para o autor, os elementos da trama da cultura russa podem ser encontrados tanto nas obras dos grandes escritores russos, como Tolstói, Pushkin, Dostoiévski, como também nos artefatos, na música, e são "impressões da consciência nacional que se misturam à política e à ideologia, aos costumes e crenças sociais, ao folclore e à religião, aos hábitos e convenções [...] que constitui uma cultura e um modo de vida".[2]

Contudo é das artes e da literatura russa, esta última baseada nas tradições narrativas orais, que se pode extrair a mais profunda e pura cotidianidade, a vivência e a experiência daquele povo. As artes russas, movidas pela busca da verdade, quando despidas de seu valor meramente artístico, levam tanto o historiador quanto o leitor comum a mergulharem na cultura russa, como um verdadeiro laboratório, tendo diante de si uma janela aberta para a compreensão da vida íntima daquela nação.

"De forma extraordinária, talvez exclusiva da Rússia, a energia artística do país foi quase inteiramente dedicada à busca da compre-

---
1 FIGES, 2017, p. 17.
2 FIGES, 2017, p. 13.

ensão da ideia da sua nacionalidade. [...] O que significava ser russo? Qual era o lugar e a missão da Rússia no mundo? E onde estava a verdadeira Rússia?"[3]

Todo o desenvolvimento e o debate a respeito da fabricação idealizada de uma identidade nacional, assim como os mitos, mostraram-se muito importantes para o forjamento das noções tanto de indivíduo quanto da nação russos, expressas em todas as suas tramas vitais, como a língua, a vestimenta, a cozinha.

Contudo, essa construção identitária não foi tarefa fácil. Durante a sua história, encontramos ao menos quatro grupos portando suas respectivas verdades: os eslavófilos, os ocidentalistas, os populistas e os citas. Os eslavófilos, que se colocaram contra a cultura europeia a partir do século XVIII, preconizavam, por meio do mito da "alma russa", que a Rússia deveria ser uma nação pura e livre das influências estrangeiras, principalmente europeia. Somente Moscóvia (Moscou) poderia levar os russos ao modo de vida verdadeiro e genuíno por intermédio do cristianismo puro.

Do outro lado estavam os ocidentalistas, com os olhos sempre voltados para a cultura do Ocidente, de ambição iluminista e progressista, e ávidos por importar mais e mais cultura europeia, certamente influenciados direta ou indiretamente pelo czar Pedro, o Grande, que construiu sua cidade estrategicamente como elo entre a Rússia e a Europa.

Os populistas carregavam a ideia do camponês e das instituições aldeãs como exemplo e modelo da sociedade que eles desejavam criar.

E, por fim, os citas, que enxergavam a Rússia como cultura de base da estepe asiática, que seria a responsável por criar uma cultura preconizando a união de "homem e natureza, arte e vida". Assim, faltava aos russos uma clareza na noção de identidade nacional.

Fato é que, pelo menos desde Pedro, o Grande, mas com muita chance também no período anterior a ele, a ideia de "Rússia" estava atrelada também ao "Ocidente". Este era parte importante da cultura russa, seja como influência, seja como contraponto ideológico. Essa ambiguidade perpassou toda a história da Rússia até hoje, e se mostra

---
3 FIGES, 2017, p. 14.

importante para compreender a sua identidade e história cultural. Ambivalência refletida também geograficamente, pois a Rússia, ao mesmo tempo em que era vizinha da Europa, vivia às margens da mesma. Com Pedro essa proximidade se fez presente, pois a capital da Rússia passou a ser São Petersburgo, cidade bem mais próxima da Europa que Moscou, e as próprias classes instruídas russas passaram a olhar seu passado com um certo desprezo, vendo-o como bárbaro. E acreditavam também que a Rússia estava no caminho da modernidade.

Entretanto mesmo aqueles russos de elite experimentavam um complexo de inferioridade quando olhavam para a Europa. Ao mesmo tempo, o sentimento de ser "diferente" forjava sensações de uma certa superioridade com relação à "alma russa", cujo valor moral seria maior que o da materialidade ocidental, e que, por isso, seria portadora da missão cristã de "salvar o mundo".

O marco da formação de uma identidade nacional ampla russa se encontra somente em 1812. É naquele evento que pela primeira vez a rachadura entre a Moscou "pura" e a São Petersburgo "europeizada" é enfraquecida.

Era com dúvidas e apreensão que a Rússia recebia as notícias da Revolução Francesa de 1789. Para os russos, aquele evento poderia desencadear uma onda de violência e degradação em toda a Europa, reverberando até nos confins com a Rússia. A Revolução provocaria várias rupturas externas — o próprio governo russo chegou a romper relações com o francês — e internas — o ideal Iluminista, de uma cultura "universal", daria lugar ao caminho nacional.

Todavia foi necessário se desvencilhar também das razões da guerra. Enquanto para os "dezembristas" — aqueles que lutaram na guerra — o conflito simbolizou um momento ímpar na história da Rússia, o átimo em que o país passava da infância à maturidade, para os que preconizavam a manutenção do *status quo*, a guerra simbolizava a vitória do czar sobre Napoleão. E somente a manutenção daquele estado autocrático seria desejável para os russos.

Nos anos que se seguiram ao pós-guerra, os filhos de 1812 passaram a se rebelar contra a ordem, as regras, a velha disciplina vigente, contra uma espécie de "mentalidade escrava" da Rússia, e procuravam romper com a hierarquia e a questão da posição social. Naquela época, trabalhar em serviço público ou nas forças armadas era estar em posição de privilégio. Muitos começaram a abandonar seus postos, com uma dupla meta: a de levar uma vida mais "russa", mesmo que esse ato significasse perda de prestígio; e, ao mesmo tempo, aprender sobre e com o camponês, que passava a ser visto como o "verdadeiro russo", e procurar forjar nele a ideia de "nação", que seria formada com base em "princípios russos". "A busca da nacionalidade russa no século XIX começou nas fileiras de 1812."[4]

No entanto foi necessária a distância de uma geração para que aquelas sementes dessem fruto.

Apesar de ser difícil medir a influência daquele movimento num período tardio de cinco décadas, fato é que em 1861 o czar Alexandre II promulgava a lei de emancipação dos servos. Ao lado do temor do imperador de que houvesse uma revolução — cerca de 500 revoltas de camponeses já haviam dado cabo em seu reinado —, a derrota na guerra da Crimeia também o convencera de que a Rússia só seria uma grande potência se se modernizasse, abrindo mão da velha economia de servidão. Todavia, pela lei, eram os proprietários das terras os responsáveis por escolher as áreas, definir o preço e transferir para o campesinato.

Apesar de mais de 22 milhões de servos terem sido considerados livres, os anos que se seguiram continuaram a ser difíceis e determinantes para a formação da identidade russa, que agora deveria reconhecer o servo não mais como objeto — que poderia ser vendido juntamente com as terras —, mas como concidadão. Dostoiévski, que nascera exatamente em 1821, escreveria 40 anos depois: "Todo russo é russo em primeiro lugar, e só depois pertence a uma classe".[5]

O czar e o povo

É preciso tentar esmiuçar a estrita e complexa relação entre o líder do povo e a população.

A característica que distinguia os russos dos outros povos ocidentais era "a entrega voluntária da vontade individual aos rituais e

---

4 FIGES, 2017, pp. 97, 101.
5 FIGES, 2017, p. 243.

formas de vida coletivos".⁶ Tratava-se de uma verdadeira sublimação dos valores da comunidade, do bem-estar coletivo, da vivência em grupo. Entre as razões para esse comportamento, podemos encontrar a própria igreja ortodoxa: dentro de seus templos, não há cadeiras; a missa e as rezas são feitas em pé, sem destaques individuais.

Talvez possamos encontrar essas qualidades como indícios de um protocomunismo, o que torna mais fácil compreender por que a Revolução aconteceu exatamente na Rússia. O comunismo russo, aliás, vem muito antes do comunismo esboçado por Marx. Com muita possibilidade, o modo de vida russo, mais comunitário, assim como a disposição de muitos de renunciar ao "eu individual" em benefício de algo maior — a comuna, o czar —, era visto pela intelectualidade russa (*intelligentsia*) como uma espécie de missão de salvação da humanidade. A história russa era escrita, portanto, fosse pelo czar, fosse pelo povo.

Como disse um russo anônimo: "O nosso país tem uma mentalidade czarista, está no subconsciente. Nos genes. Todos precisam de um czar".⁷

Czar é a forma russa do título "César", de origem romana. A dinastia Romanov soube apropriar-se muito bem dessa aura sagrada e, utilizando a igreja ortodoxa como uma poderosa ferramenta em suas mãos, governou a Rússia por 303 anos, de 1614 a 1917.

Foi amparado na tradição bizantina que o Império Russo viveu a sua teocracia, em que o czar era o representante de Deus na terra, o portador das vontades divinas. Servir ao czar era servir a Deus. Governo e religião, czar e igreja ortodoxa, uma combinação única no mundo, mas que um dia teria sua ruptura.

A Revolução de 1917

A relação entre o czar e o seu povo, apesar de no plano das ideias ser perfeita, não aconteceu sem pequenos protestos ou grandes revoluções. O povo russo é também um povo bélico. Como relata um outro russo anônimo: "No geral, somos um povo bélico. Ou guerreávamos

---
6 FIGES, 2017, p. 309.
7 ALEKSIÉVITCH, *O fim do homem soviético*, p. 166.

ou nos preparávamos para a guerra. Nunca vivemos de outra maneira. Daí vem uma psicologia bélica. Mesmo durante a paz, tudo na vida era próprio da guerra. O tambor batia, a bandeira esvoaçava... o coração saltava do peito...".[8] Voz que encontrava eco em outra reflexão: "Nosso país era um país bélico, uns setenta por cento da economia serviam de um jeito ou de outro ao Exército. E as melhores mentes também... físicos, matemáticos... Todos trabalhavam para fazer tanques e bombas. A ideologia também era bélica".[9]

Fato é que a guerra faz parte da história da Rússia. Fosse para expandir suas fronteiras, fosse para a manutenção das terras imperiais, os russos se viam sempre envolvidos em guerras. "O nosso Estado sempre existiu em regime de mobilização. Desde os primeiros dias. Não foi pensado para uma vida pacífica."[10]

Para Orlando Figes, uma das explicações para a Revolução de 1917 pode ser encontrada exatamente no caráter do povo russo "sofredor e oprimido, cheio de violência destrutiva e impulsiva, incontrolável e incapaz de controlar o próprio destino".[11] Ainda para ele, a Revolução de Fevereiro viria a varrer não só a monarquia como também toda uma ideia de "civilização russa". Da noite para o dia — quase em sentido literal — desmoronavam as grandes instituições históricas russas: o poder sagrado da igreja e da família imperial, o *status* da nobreza, a autoridade das forças armadas. A partir de então, os comitês locais (sovietes), formados primordialmente por operários e camponeses, passaram a reger o funcionamento da vida na Rússia.

Contudo a Revolução só pôde acontecer porque a Rússia, como vimos, tinha traços e mentalidade comunistas mesmo antes dos escritos de Marx. A luta pela abolição dos privilégios "reais" e "divinos" devia-se mais ao caráter do povo russo, aos seus anseios pela igualdade, do que à obra marxista-leninista: "[...] o povo russo vivera segundo a ideia de que o excesso de riqueza era imoral, que toda propriedade era roubo e que o trabalho manual era a única fonte verdadeira de valor".[12]

---
8 ALEKSIÉVITCH, *O fim do homem soviético*, p. 167.
9 ALEKSIÉVITCH. *O fim do homem soviético*, p. 16.
10 ALEKSIÉVITCH, *O fim do homem soviético*, p. 165.
11 FIGES, 2017, p. 207.
12 FIGES, 2017, p. 455.

Um novo tempo e um novo espaço a Rússia viveria, mas, apesar da Revolução ter varrido do mapa muitos valores da cultura russa, a questão do czar e da sua relação com o povo não desaparece totalmente da vida dos russos. Será apenas chamado por outra designação: Secretário-Geral do Partido Comunista, que perdurará até o início da década de 1990.

Vladimir Putin

Gorbachev, Yeltsin e a sucessão

Foram somente nove anos entre o fim da União Soviética e a consequente criação da Federação Russa, em 1991, e a ascensão de Putin ao posto maior do poder.

Historicamente, uma das características da administração do Estado russo foi a necessidade constante de um líder de "mão forte" (na Rússia há um ditado que diz "ser melhor um mau governo que nenhum governo"). A Rússia, portanto, nos últimos quatro séculos, foi governada por czares até a Revolução de 1917. Depois da deposição do último czar, Nicolau II, e o fim da dinastia Romanov, assumiram o posto de Secretário-Geral do Partido Comunista: Vladimir Ulianov (Lênin), Joseph Stalin, Nikita Kruschev, Leonid Brejnev, Iuri Andropov e Mikhail Gorbachev. Este último fora sucedido por Boris Yeltsin, que seria o primeiro presidente da Federação Russa.

Gorbachev e Yeltsin tiveram importância ímpar na passagem da União Soviética para a Federação Russa. Gorbachev percebeu a impossibilidade do regime soviético, promoveu reformas políticas e a abertura econômica.

Yeltsin também teve seus méritos e uma visão de futuro. Ele via a substituição dele próprio por Putin não apenas como a passagem de bastão de um político para outro. O pequeno capital político de que ele ainda dispunha estava se desmantelando, e ele entendia ser necessário passar o seu poder antes mesmo do fim do seu mandato, já no primeiro dia do ano 2000, simbolizando que a Rússia estava virando o ano com os olhos para o futuro. Os anos 2000 deveriam chegar com cara de virada, e a década de 1990 e o atraso russo deveriam ficar para trás na cabeça de Yeltsin. E ele via em Putin a sua própria antítese. Um jovem de 48 anos, forte e saudável, que substituiria aquele senhor combalido pelo tempo e pela bebida, e daria fim ao período de caos. Era a modernização da Rússia, uma nova geração e mentalidade, o totem que o imaginário coletivo precisava para voltar a acreditar no futuro, no retorno da Grande Rússia.

Os loucos anos 1990

E aqui cabe uma pausa para contextualizar a Rússia nos anos 1990 e elucidar o sucesso que Putin viria a ter. A década de 1990, que alguns historiadores batizaram como "os loucos anos 1990", foram os primeiros em que a Rússia, em toda sua história, vivenciou um regime democrático, com a separação dos poderes, um federalismo "de verdade".

Entretanto tais ganhos não vieram sem muitos sacrifícios. As condições socioeconômicas da década de 1990 eram muito ruins. O Produto Interno Bruto (PIB) russo caiu pela metade entre 1992 e 1998. A expectativa de vida da população também encolhia de 69 anos, em 1988, para 64 em 1994. As reformas políticas e econômicas iniciadas por Mikhail Gorbachev pareciam não ter chegado a seu objetivo. A transição para uma economia de mercado, com a liberação dos preços, fez a inflação disparar. Com tantos problemas, a Rússia não viu outra saída em 1998, a não ser desvalorizar a sua moeda, o rublo, e declarar moratória. Foi uma transição drástica para o "capitalismo", que teve seu preço e suas consequências.

Foram aqueles loucos anos 1990, em que a Rússia viveu um completo caos econômico, político e social, que deram espaço para a ascensão e popularidade de Putin, que soube se aproveitar do contexto político-econômico para alcançar o posto mais alto do comando da Rússia. E Putin assumiu o governo em um momento propício para ele e para a sua Rússia, já que a alta dos preços internacionais do petróleo e do gás natural viriam a alavancar a economia russa. Economia em crescimento, a questão com a Chechênia resolvida, enfim, a população russa sentia que novamente vivia num país comandado por alguém de mão forte — e recomeçava naquele período uma espécie de recentralização do poder nas mãos de Putin.

Um novo czar?

Putin, como um verdadeiro ex-funcionário da KGB (a antiga agência secreta russa), é um personagem de personalidade discreta e enigmática. É difícil até mesmo para as pessoas mais próximas do seu círculo entrar em sua mente e entender o que ele realmente pensa. A característica mais marcante de sua personalidade até a ascensão ao poder, em 2000, foi a imperceptibilidade. Putin realmente não era notado.

O jornalista estadunidense Steven Lee Myers realizou um grande trabalho com a publicação de seu livro *O novo czar: ascensão e reinado de Vladimir Putin*, tentando encaixar as peças do quebra-cabeça para retratar a personalidade de Putin. É primordialmente de seu livro que me utilizo neste capítulo. Como o próprio título explicita, Putin deve ser mais retratado como um czar que como um secretário-geral do Partido Comunista (o socialismo russo existiu entre 1917 e 1991). Putin parece querer reedificar mais a Rússia dos tempos remotos, a sua Grande Rússia, que a União Soviética.

O que se percebe em clara medida é que Putin tem um compromisso com seu país, que persegue a ordem e a estabilidade e que guarda ressentimentos com relação ao Ocidente.

Vladimir Putin foi funcionário da KGB, atuando na antiga Alemanha Oriental. Com a reunificação da Alemanha, foi convocado para retornar à União Soviética em 1990. Em 1991, ele se demitiu da função no serviço secreto russo, alegando não concordar com o golpe em andamento contra o então primeiro-secretário da União das Repúblicas Socialistas Soviéticas (URSS), Mikhail Gorbachev.

A carreira política de Putin, que teve início na década de 1990 no gabinete do então prefeito de São Petersburgo, Anatoly Sobchak, foi de uma rápida e incomum ascensão. Já em 1994, Putin tornava-se vice-prefeito daquela que era a segunda maior cidade da Rússia, sendo responsável pela área de investimentos e parcerias com empresas estrangeiras. Em sua atuação, Putin continuava uma tradição russa, a chamada "blat", que era uma troca de favores, em que as redes de contatos e as conexões informais rompiam as barreiras burocráticas. Com essa atuação em São Petersburgo, Putin foi contratado como chefe do departamento legal e dos vários bens do Kremlin em 78 países, tais como as embaixadas e as escolas. Com menos de sete meses em Moscou, uma nova promoção, dessa vez como superintendente do Diretório Principal de controle, cuja missão era a restauração da ordem — o caos estava instalado na Rússia desde o fim da União Soviética — e o combate à corrupção. Putin exerceu seu cargo com diligência, sempre colocando os interesses da Rússia em primeiro plano.[13]

Cada vez mais subindo na hierarquia, por méritos próprios, foi como diretor do Serviço Federal de Segurança (FSB) — ele foi o primeiro e único civil a alcançar tal posto — e secretário do Conselho de Segurança do país — simultaneamente por um período — que Putin foi notado pelo então presidente Boris Yeltsin.

Em agosto de 1999, depois de uma certa instabilidade no cargo, Yeltsin nomeou Vladimir Vladimirovitch Putin como primeiro-ministro da Rússia. O pai de Putin, que já o imaginava um czar, não viu sua profecia se concretizar, pois morreu poucos dias antes da nomeação do filho.

Quando o desconhecido Putin assumiu a cadeira de primeiro-ministro, a Rússia já lidava havia anos com o problema da região da Chechênia, cujos separatistas lutavam pela sua independência.

Entretanto o litígio com a Chechênia foi finalmente controlado em 1999 com uma operação de forte repressão, em que Putin, já como primeiro-ministro, foi o grande vencedor (estima-se que a guerra tenha matado ao todo 100.000 chechenos e 5.000 soldados russos, mas tais números podem ser ainda maiores). De agosto a outubro, em apenas cerca de dois meses, a aprovação de seu nome como possível candidato à presidência subiu de 2% para 27%, a despeito da grande impopularidade e desaprovação da população para com Yeltsin.[14]

Sua fama e popularidade, a partir daquele ano, só viriam a aumentar. Yeltsin renunciou no último dia de 1999 para Putin assumir, e, em 2000, após as eleições, ele foi efetivamente eleito presidente da Federação Russa. A Rússia tinha agora um novo líder, eleito e chancelado pelas urnas — a transferência de poder pelas vias democráticas era um

---
13 MYERS, 2014, p. 119-122.
14 MYERS, 2018, p. 176.

fato inédito em sua história —, mas os russos não tinham noção para onde seu líder iria guiá-los. "Tome conta, tome conta da Rússia", teriam sido as palavras de Yeltsin a Putin quando renunciava.[15]

Pouco a pouco, ora com manobras legais, ora com artimanhas no limite da lei, Putin foi moldando o Estado russo para si, visando a aumentar o seu poder, apesar de na aparência sempre querer ter o viés de democracia. As eleições sempre ocorrem na Rússia, mas, principalmente no início do século, os resultados eram muito contestados. Putin parece achar as eleições "perigosas", já que, para ele, o povo russo, por quase nunca ter vivido uma democracia em sua história, não sabe votar, e precisaria de tempo para se adaptar a esse sistema. Assim, Putin forjou uma autocracia permitida pela Constituição russa, para que o povo não fosse incumbido da missão — e do poder — de escolher seu presidente e seus líderes. Ele também entendeu, desde o princípio, que os meios de comunicação eram recursos tão preciosos quanto o petróleo ou o gás e não mediu esforços para "estatizá-los".

E Putin não parece disposto a "abrir mão" de seu poder. Em 2020, ele promoveu uma "reforma constitucional" que lhe deu a possibilidade de disputar pelo menos mais duas eleições presidenciais, com mandato de seis anos cada uma, em 2024 e 2030, alongando e alargando seu projeto de poder pessoal e de defesa dos valores e da influência russos (se conseguir tal façanha, superará os 30 anos de Stalin e será o líder russo com maior tempo no poder). No mesmo pacote de leis aprovado, além do fortalecimento do poder do presidente, constavam ainda a introdução do termo "fé em Deus" na Constituição russa e o entendimento do casamento como "união entre um homem e uma mulher". Putin não era só o presidente da Rússia, mas o protetor dos valores sociais, religiosos e culturais da nação.

Essas últimas mudanças chegam exatamente no momento em que Putin, mais do que nunca, apela a uma espécie de patriotismo nostálgico, principalmente dos russos mais velhos, mas o alia à visão de futuro da Grande Rússia. Putin bem consegue equalizar o passado dividido com o futuro incerto, utilizando-se da propaganda da vitória soviética contra a Alemanha de Hitler, que evoca a Rússia vitoriosa, com a modernização

---
15 MYERS, 2018, p. 185.

da "sua" Rússia, que está prestes a voltar a ser grande. Uma das frases que ele utiliza para justificar essa ideia é que "qualquer um que não lamente a queda da União Soviética não tem coração; e qualquer um que queira vê-la recriada em seu formato anterior não tem cérebro".

Em seus mais de 20 anos no poder, incluindo os quatro como primeiro-ministro (Dmitri Medvedev assumiu o cargo entre 2008 e 2012), Putin imprimiu a ideia de levar a Rússia a reviver seu grande apogeu como grande nação. Decretava ele, em 2005, que o fim da União Soviética havia sido a "maior tragédia" do século XX. Em 2007, na Conferência de Segurança de Munique, afirmava o que considerava o "fim" do mundo unipolar controlado pelos Estados Unidos, em uma tentativa de recolocar a Rússia de volta ao debate político mundial. Essas declarações foram dadas em um momento de recuperação econômica da Rússia, que possibilitaria, em sua mente, que o país pudesse de novo medir forças com o Ocidente. O gigante, que estava adormecido, acordava do seu sono de duas décadas, e Putin se colocava como o responsável por restaurar o *status* da grande Rússia como potência global. E, se a população russa sentisse alguma pressão estrangeira, já sabia que poderia recorrer ao seu líder.

Os atos de Putin demonstram uma certa lógica: ele não se sente um representante da Lei, mas atua como se fosse a própria. Trata-se, sobretudo, de clamar um regime religioso — e na Rússia a religião e o Estado sempre estiveram lado a lado — em que a divinização do líder oferece ao seu povo a proteção adequada e necessitada. A democracia, em toda a história da Rússia, quase não teve sucesso, e seu povo não se acostumou com a livre iniciativa de votar e escolher, por si só, um representante. Seria quase considerá-la como um sistema político não eficaz exatamente por delegar aos cidadãos a decisão de escolha — que poderia ser incerta e instável — e ameaçar a manutenção da estabilidade da governança, algo que historicamente a Rússia quase nunca vivenciou.

O apoio da Igreja Ortodoxa

Na história da Rússia e também nos dias atuais, a Igreja aparece como elemento fundador e legitimador da identidade russa, na qual o governo se apoia. E, ao mesmo tempo, ela conta com o Estado como defensor de sua posição de árbitro moral da sociedade russa.

Assim, no país em que estado e religião se entrelaçam, era também importante para Putin receber a chancela da Igreja Ortodoxa Russa.

Vladimir Mikhailovich Gundyayev, mais conhecido como Cirilo I, era o Patriarca de Moscou e a principal liderança da Igreja Ortodoxa Russa desde 2009.

Cirilo já foi acusado de ter sido agente da KGB e de ter como missão difundir os ideais soviéticos em instituições como o Conselho Mundial da Paz e o Conselho Mundial das Igrejas (apesar de sempre ter negado).

Ele se identifica como sendo um anticomunista e anticapitalista. Em entrevista à revista Forbes, em 2021, criticou os dois sistemas econômicos e ideológicos: "Nós, que passamos a era do comunismo, sabemos bem que a ideia de justiça social, transformada em ideologia agressiva, destrói tudo ao nosso redor. Centenas de milhares executados ilegalmente por sua fé, a criação de um gueto social para classes hostis. Essa é a realidade do 'paraíso comunista na terra'. Não menos perigoso é o 'evangelho capitalista', que considera a queda do comunismo como prova de sua impecabilidade e sem alternativa".

E a Igreja Ortodoxa Russa aparece como aliada de Putin, imunizando-o de qualquer julgamento, chancelando a sua pseudomissão de que ele deveria (re)afirmar a Rússia como potência mundial, tirando-a do suposto ostracismo ao qual as últimas décadas a teriam lançado.

Cirilo I, no início da guerra, emitiu a seguinte declaração em carta enviada ao Conselho Mundial de Igrejas: "[Que] Deus não permita que uma terrível linha de sangue dos nossos irmãos seja traçada entre a Rússia e a Ucrânia. Esse conflito não começou agora. *Estou firmemente convencido de que seus promotores não são os povos da Rússia e da Ucrânia, que são unidos em uma fé comum e compartilham um destino histórico. [A Guerra é] parte da estratégia geopolítica desenvolvida, em primeiro lugar, para enfraquecer a Rússia*" (grifos meus), de certa forma, eximindo Putin e a Rússia da responsabilidade pela guerra. Vale lembrar também que antes das eleições de 2012, Cirilo havia chamado Putin de "milagre de Deus" e agradecido por toda a ajuda que o político havia dado à Igreja.

Putin, como símbolo máximo da Rússia renascida, passava a ser visto, com o apoio da igreja, como inseparável do Estado, como nos tempos dos czares. "Existe Putin, existe a Rússia. Sem Putin, sem Rússia", para citar Vladislav Surkov, antigo estrategista político.

Os opositores

Além da chancela da Igreja Ortodoxa, Putin governa com o apoio dos grandes empresários russos. No entanto, naquele país, o grupo que anos depois se tornaria de bilionários surgiu no momento da abertura econômica ao mercado livre e às privatizações. Naquele período, as empresas estatais russas foram compradas por valores irrisórios, permitindo que seus proprietários construíssem de forma fácil e rápida grandes fortunas. Empresas de exploração de petróleo, gás, siderúrgicas, mineradoras, meios de comunicação, bancos, enfim, os grandes patrimônios soviéticos logo se viram nas mãos de poucos oligarcas russos, que adquiriam ao mesmo tempo uma crescente e significativa influência política. Mas tal *status* não veio sem opositores ou "desertores".

O opositor mais conhecido de Putin é Alexei Navalny. Ativo na política democrática russa no final da década de 1990, Navalny ficou cada vez mais decepcionado com o sistema democrático russo.

Entretanto sua proeminência viria anos mais tarde, quando ele começou a investigar os contratos e as relações das empresas estatais obscuras que dominavam a economia russa. Dotado de uma simples tática — ele comprava algumas ações das empresas e, ao se tornar acionista, tinha direito a questionar seus atos —, Navalny começou a descobrir inúmeros atos fraudulentos. No caso da Transneft, empresa que possuía o monopólio de transporte de petróleo na Rússia, ele, possuidor de apenas duas ações, descobriu um esquema em que a empresa direcionava milhões de rublos para a "caridade", enquanto pagava um valor irrisório aos seus acionistas. A doação, disfarçada de caridade, ia para o Serviço Federal de Proteção, dirigido pelo guarda-costas de longa data de Vladimir Putin, Viktor Zolotov. E Navalny divulgava suas descobertas pela internet, até então o último espaço de livre expressão na Rússia. O RosPil.ru, *site* criado por ele, gerou escândalo na Rússia e conseguiu até forçar o cancelamento de alguns contratos.

Todavia Putin não ia deixar barato. Navalny tentou se candidatar à eleição presidencial de 2018, mas teve sua candidatura negada por uma condenação de peculato — que para ele tinha motivação apenas política. Em agosto de 2020, Navalny estava novamente sob os holofotes. Ele sentiu-se mal em um voo que ia da Sibéria para Moscou, e o avião precisou fazer um pouso de emergência. Após dias de negociação com o governo russo, Navalny foi transferido para um hospital em Berlim, capital da Alemanha, onde foi diagnosticado com envenenamento por uma substância conhecida como Novichok. Tal substância teria sido colocada em sua cueca, no hotel em que havia se hospedado. Por um golpe de sorte Navalny não morreu. Entretanto em janeiro de 2021 voltou à Rússia e, ao desembarcar, foi preso por supostamente ter violado uma sentença de anos anteriores. Como contra-ataque, a sua equipe lançou uma reportagem investigativa em forma de vídeo intitulada "O Castelo de Putin", em que afirmava ser de Putin uma propriedade em Gelendzhik, no Mar Negro, que teria custado quase 1,4 bilhão de dólares e patrocinada "com o maior suborno da história".

Putin nunca mediu esforços para calar a voz daqueles que se insurgem contra ele. Navalny escapou da morte por pouco, apesar de esse ser o objetivo do envenenamento. Ele foi apenas mais um dos opositores de Putin que sofreram atentado. Outros tantos opositores, como magnatas, políticos ou jornalistas não tiveram a mesma sorte e morreram. Somente em 2022, quase uma dezena de magnatas russos próximos de Putin haviam morrido em "circunstâncias misteriosas".

Alexander Dugin e o eurasianismo

É no pensamento do filósofo russo Alexander Dugin que podemos encontrar algumas bases da ideologia de Putin. Dugin é um grande crítico do que, segundo ele próprio, é o mundo "unipolar", em que o Ocidente, capitaneado pelos Estados Unidos, exerce sozinho uma hegemonia "espiritual e material" de poder e controle. Em suas obras *A quarta teoria política* e *Teoria do mundo multipolar*, a solução apresentada por ele é o forjamento de um mundo multipolar, com vários centros de poder independentes, materialmente equipados, que seriam capazes de resistir à hegemonia militar dos Estados Unidos e da Otan. Dugin se proclama também um anticapitalista e é contra as pautas LGBTQIA+, o feminismo e exprime também uma certa repulsa a qualquer tipo de imigração.

Sua teoria pretende superar o liberalismo, o comunismo e o fascismo — por isso ele apregoa a "quarta teoria política", que seria uma mescla tanto de fascismo quanto de comunismo com outras faces, na medida em que defende a volta ao passado glorioso e do apelo ufanista.

Na obra *OS EUA e a Nova Ordem Mundial: um debate entre Alexander Dugin e Olavo de Carvalho*, Dugin defende a existência do que ele denominou a Nova Ordem Mundial (NOM), que seria uma organização secreta envolvendo arquibilionários do mundo e que teria por objetivo destruir as soberanias das nações e atacar valores como Deus, pátria e família por meio dos mais variados "disfarces", como a filantropia. Para eles, somente a união da Rússia com a China e a Liga Árabe poderia fazer frente a essa conspiração e derrotá-la, não sem muito esforço.

Outro pensador que influenciou Putin, provavelmente antes mesmo de Dugin, foi Ivan Ilyin, um filósofo religioso várias vezes preso pelos revolucionários de 1917 e finalmente exilado em 1922. Ilyin defendia que as bases do Estado russo deveriam ser a cristandade ortodoxa, a propriedade privada, o patriotismo e a lei, o que ia contra o pensamento universalista da União Soviética.

Restaurar a "democracia soberana" da Rússia pura com relação à imposição de valores ocidentais e estrangeiros, e ao mesmo tempo fazer frente ao "império da mentira" (conforme Putin denominou os Estados Unidos), ser o contrapeso do mundo unilateral. Putin encontrava na filosofia de Ilyin as bases para seu pensamento, e, com a possibilidade estratégica de Dugin em mãos, aquilo que era apenas teoria e artigos acadêmicos começava a tomar forma na cabeça de Putin e seu círculo mais próximo.[16]

---

16 MEYERS, 2018, pp. 299, 481-2.

Rússia e Ucrânia

A Otan e o Pacto de Varsóvia

A Otan foi criada em 1949, sendo uma aliança militar entre os Estados Unidos, o Canadá e mais dez países europeus, que apregoava ajuda militar mútua entre os países visando a se protegerem de possíveis ameaças da União Soviética.

Os soviéticos reagiram e fundaram, em 1955, o Pacto de Varsóvia. O acordo reuniu as 15 repúblicas soviéticas, assim como países socialistas do leste europeu que estavam sob a influência de Moscou, na chamada "cortina de ferro" — uma grande aliança de autodefesa mútua. A Ucrânia fez parte do Pacto de Varsóvia, por ser uma república soviética à época.

Juntamente com a dissolução da União Soviética, em 1991, ocorreu o fim do Pacto de Varsóvia, enquanto a Otan continuou seu curso, apesar de, por muitos anos, por falta de uma sombra, ter quase caído no ostracismo.

A expansão da Otan para o leste europeu contrariou um acordo entre os Estados Unidos e a Rússia quando da dissolução da União Soviética. Em três décadas, a Otan acrescentou 13 países à sua aliança.

Em 1998, a Otan interveio no conflito civil da Sérvia, do presidente Slobodan Milošević (os sérvios eram os irmãos eslavos da Rússia e compartilhavam muito da cultura e da religião com os russos). O conflito mostrou que a Rússia já não tinha seu poder bélico e político de anteriormente, pois o país ficou apenas a assistir o conflito, sem capacidade de moldar os eventos.

Os conflitos antecedentes

Na mente e nas palavras de Putin, as raízes históricas da Rússia datam do ano 988, e estão fundadas no território que hoje é a Ucrânia, no feudo medieval Kievan Rus, cujo líder era também outro Vladimir, o Grande.[17]

A própria região da Crimeia, importante por abrigar a base naval de Sebastopol, e que havia sido conquistada pela czarina Catarina, a Grande, passou ao controle da República Soviética Socialista da Ucrânia em 1963, ou seja, por decisão do próprio Kremlin passava a ser governada a partir de Kiev e não mais de Moscou.

E, desde o fim da União Soviética, a Ucrânia era um estado independente, mas manteve, desde o início de sua independência, uma relação ambígua com as potências europeias e a Rússia, sempre tentando negociar interesses com ambos os lados. A Ucrânia fez parte da Comunidade dos Estados Independentes (CEI), aliança de alguns países que faziam parte da antiga União Soviética, até 2018.

Todo esse pano de fundo histórico estava muito enraizado na cabeça de Putin. Ele podia até tolerar a adesão da Estônia, da Letônia e da Lituânia, em 2004, à Otan, os quais, mesmo tendo sido países da União Soviética, possuíam poucos laços históricos e étnicos com os russos. Contudo a Ucrânia era um caso diferente, fosse pela história que esse país e a Rússia compartilhavam, fosse pela posição geográfica estratégica, fosse também pela questão econômica: um país com seus 45 milhões de habitantes em 2014, além do fato de ser um grande celeiro mundial.

Por isso Putin, desde o início de seu primeiro governo, procurou manter uma espécie de esfera de influência sobre a Ucrânia, por meio das mais variadas estratégias, tanto no ramo econômico quanto no político, mas também por meio de espionagem e sabotagem.

No caso econômico, através do gás natural, que se ligava aos países do oeste de forma fixa, por tubulação. Diferentemente do petróleo, que é comercializado livremente, o gás natural exige encanamento e isso fornecia uma força econômica e política ao Kremlin.

---
17 MEYERS, 2018, pp. 286ss.

Apesar de acreditar que um erro histórico tenha separado a Rússia e a Ucrânia, duas nações irmãs, Putin reconhecia tanto a independência quanto a soberania da Ucrânia, mas era exatamente isso que o impelia a querer unir os dois países.

Nas eleições presidenciais ucranianas de 2004, o então candidato apoiado por Putin, Viktor Yanukovich, venceu no 2.º turno o oposicionista Viktor Yushchenko. No entanto, após protestos contra os resultados das eleições, que se mostraram fraudulentas, um novo 2.º turno foi convocado. E, sob os olhos ainda mais atentos de órgãos internacionais, o resultado foi a vitória de Yushchenko — que havia sido envenenado no período eleitoral — com cerca de 52% dos votos.

Aqueles protestos na Ucrânia, que desconfiavam dos resultados das eleições do 2.º turno (quando Yanukovich ganhara) ficaram conhecidos como a "Revolução Laranja", e tratou-se de uma grande derrota de Putin, que certamente guardou suas mágoas e aprendizados sobre aquela ardida experiência. No entanto ele criou estratégias para que tal movimento não acontecesse na Rússia, intensificando a caça a espiões estrangeiros e criando um movimento da juventude — o Nashi — para unir os jovens em torno da ideia da Rússia como grande nação.

Todavia, em 2010, o mesmo Yanukovich, aproveitando-se da luta interna de seus rivais, conseguiu vencer as eleições presidenciais.

Entendendo a guerra atual

Durante seu período como presidente, Yanukovich fortaleceu as relações da Ucrânia com a Rússia de Putin, mantendo-a sempre na órbita dos russos. Entretanto, com sua popularidade em queda e o radar nas eleições presidenciais de 2015, o presidente ucraniano começou a revelar sua ambiguidade, flertando com a União Europeia e impondo reformas políticas — que era a condição indispensável para a entrada da Ucrânia no bloco. Esse era o grande desejo da população ucraniana, que se voltava cada vez mais a oeste, ao Ocidente, à Europa. Para Putin, porém, a possível entrada da Ucrânia na União Europeia causava temor, na medida em que o presidente russo via aquele como o primeiro passo para a aceitação da Ucrânia na Otan.

O prazo que a União Europeia tinha estipulado à Ucrânia para a aceitação do acordo era novembro de 2013. Até aquele período, a Rússia começou a praticar várias táticas comerciais, como a proibição de importação de alguns bens produzidos na Ucrânia e o aumento das tarifas de importação; e políticas, como visitas regulares ao presidente ucraniano, alertando que o acordo custaria muito caro para a Ucrânia — tudo para impedir a assinatura do acordo. Fato é que Yanukovich mudou seu comportamento e, prestes a assinar o acordo, tentou persuadir o bloco europeu a aumentar sua oferta, alegando que a entrada da Ucrânia na união resultaria em muitas perdas com relação ao comércio com a Rússia e ao fornecimento do gás russo ao país. Os europeus não mudaram as bases do contrato, e, em 21 de novembro daquele ano, o governo ucraniano anunciou a suspensão do acordo com o bloco europeu.

O período que se seguiu foi de forte mobilização popular. Manifestantes começaram a protestar na praça principal da capital ucraniana, a Maidan, e o que era para ser o protesto de um dia se desenrolou por quase cem. Os manifestantes exigiam a renúncia de Yanukovich e a assinatura do acordo com a União Europeia.

Em 21 de fevereiro de 2014, um dos deputados ucranianos discursou na praça apregoando a decisão de antecipar as eleições de 2015 para aquele mesmo ano e de anistiar os manifestantes. Os manifestantes não concordaram e um soldado, em um discurso vibrante, disse que o que eles queriam mesmo era a renúncia do presidente e, enquanto aquilo não acontecesse, eles não sairiam de lá. Maidan colheria o resultado pretendido 91 dias depois do início do protesto, com o saldo de cerca de 90 mortos. O presidente escapou primeiro para a Ucrânia oriental, depois para a Crimeia até finalmente chegar à Rússia. O parlamento ucraniano promoveu um *impeachment* do presidente e nomeou um interino até que fossem realizadas as próximas eleições.

Putin, porém, não se isentaria e puniria a Ucrânia. Sob a justificativa de proteger os ucranianos de origem russa que moravam na Crimeia e no leste da Ucrânia, Putin a desmembrou. Primeiro foi a Crimeia, ainda em fevereiro de 2014, lugar que já abrigava um grande contingente do exército russo e que, por isso, não houve derramamento de sangue, apenas uma mudança de bandeira. A mesma Crimeia tinha importância tanto econômica quanto histórica para a Rússia — era o lugar onde o grande líder Vladimir havia sido batizado, e, séculos depois, conquistado pela czarina Catarina, a Grande.

Depois foi a vez de fortalecer e financiar os separatistas das regiões de Donbass e Donetsk, e reconhecer aquelas regiões como pertencentes à Federação Russa, por meio de referendos legalmente duvidosos, já que não foram acompanhados por observadores internacionais, assim como acontecera na Crimeia.

Tal fato era um componente inédito no século XXI, na medida em que o último país que teve a soberania de seu território rompida havia sido o Kuwait, em 1990, invadido pelo Iraque de Saddam Hussein.

A justificativa da guerra aos olhos de Putin

Em todos os seus mais de 20 anos no poder, Putin pouco fez para poder ser considerado um "invasor". Na questão da Geórgia, em 2008 — quando a Rússia invadiu o país —, os territórios da Ossétia do Sul e da Abkhazia eram previamente terras em disputa, mantidos por tropas russas e sofrendo ataque do exército georgiano. Aparentemente foram movimentos mais para impedir o avanço de potências estrangeiras do que fazer avançar a Rússia rumo ao Ocidente.

Putin parecia preferir governar por influência, exercendo poder por meio da dependência política, econômica e militar de alguns países na órbita da Rússia, como os casos de Bielorrússia, Armênia, Quirguistão e Cazaquistão, por exemplo. No caso da Bielorrússia, o presidente Alexander Lukashenko é dependente econômica e politicamente de Putin e é somente graças à aliança com o líder russo que ele se mantém no poder, apesar das controversas eleições de 2020. Com relação à Armênia, a Rússia se colocou como mediadora no conflito contra o Azerbaijão, esfriando a guerra entre os dois países ocorrida em 2020. Já no Quirguistão, também em 2020, a Rússia precisou intervir para conter um levante popular. No Cazaquistão, Putin precisou interferir para esmagar uma revolta ocorrida em janeiro de 2022.

No final de 2021, Putin começou a deslocar tropas para a fronteira da Rússia a leste da Ucrânia, na região do Donbass. A mobilização teve início após a Ucrânia iniciar tratativas para ser membro efetivo da Otan, a aliança militar ocidental formada para conter o avanço soviético no pós-guerra. O governo russo argumentava que, se a aproximação fosse bem-sucedida, sua segurança nacional estaria comprometida, com a instalação de bases militares ocidentais em um país fronteiriço. Para Putin e a Rússia, a Ucrânia era o limite da expansão da Otan para o Leste.

A história é escrita com fatos, e, do lado russo, a invasão da Ucrânia pela Rússia pode ser vista como uma resposta aos longos anos de "provocação" por parte do Ocidente, sempre com relação à possibilidade da entrada da Ucrânia na Otan. No balanço de poder da geopolítica mundial, o Ocidente teria cruzado a "linha vermelha", já que buscava colocar a Ucrânia sob a sua órbita, e a Rússia respondeu. A Ucrânia era, pois, o limite da expansão da Otan para o leste.

Alguns fatos revelam como esse ingresso da Ucrânia na Otan sempre esteve, de certa maneira, na pauta do Ocidente, como mostram algumas evidências:

1) A Otan teve dois momentos de forte expansão de suas fronteiras por meio da entrada de países no Tratado. A primeira foi em 1999, com o ingresso de Polônia, da República Tcheca e da Hungria. A segunda onda foi em 2004, passando de 19 para 26 países, com o ingresso da Bulgária, da Eslováquia, da Eslovênia, da Romênia e dos países do Mar Báltico — Lituânia, Letônia e Estônia —, chegando então à fronteira com a Rússia.

2) Em 3 de abril de 2008, na Conferência de Bucareste, a Otan declarava: "A Otan acolhe com agrado as aspirações Euro-Atlânticas da Ucrânia e da Geórgia para associação à Otan. Nós concordamos hoje que esses países se tornarão membros da Otan". Àquela época, o presidente dos Estados Unidos era George W. Bush, e Putin estava fora do cargo maior da Rússia, ocupado por Medvedev. Aquelas poucas, mas densas palavras, poderiam ser encaradas como uma ameaça de guerra à Rússia. E foi. Apenas quatro meses depois, a Rússia já demonstrava sua insatisfação em um rápido conflito com a Geórgia pelo território da Ossétia do Sul.[18]

---

18 É verdade que a Otan pareceu entrar em uma espécie de ostracismo e praticamente sem atividade desde 2010, data de até então o último encontro de seus aliados em Lisboa — e que, por sinal, via a Rússia, naquele momento, como parceira estratégica, a ponto de vislumbrar construir um escudo antimíssil para proteger os países integrantes da Aliança que incluiria a Rússia também.

3) Desde 2014, anualmente cerca de 10 mil soldados ucranianos eram treinados pelas forças da Otan, e também muitas operações militares eram realizadas em conjunto.

4) Em 14 de junho de 2021, na conferência de Bruxelas, a Otan reiterava as palavras da Conferência de Bucareste, de 2008, reafirmando que a Ucrânia tornar-se-ia um membro da Aliança.

5) Em 1.º de setembro de 2021, o já presidente da Ucrânia, Volodymyr Zelensky, eleito em 2019, visitava o presidente estadunidense Joe Biden.

Putin sempre deu sinais de seu descontentamento com relação à expansão da Otan e da área de influência da comunidade europeia.

O discurso de Putin, ainda em 2007, na 43.ª Conferência de Segurança, em Munique, iria se tornar um marco nas relações de Putin e da Rússia com o Ocidente.

Putin sinalizava, então, que desde a queda da União Soviética havia a tentativa, liderada pelos Estados Unidos, de impor um mundo unilateral, mas que o crescimento das economias dos BRICs (Brasil, Rússia, Índia, China) poderia levar a uma multipolaridade. Ele ainda perguntou contra quem a expansão da Otan se endereçava, afirmando que quem estava construindo muros e barreiras, no sentido figurado, naquele momento, era a Europa. "É um mundo no qual existe um mestre, um soberano", continuou ele. E seguiu afirmando que "ações unilaterais e frequentemente ilegítimas" haviam resultado em "consideravelmente mais" guerras e mais mortes do que no mundo da Guerra Fria. "Consideravelmente mais", repetiu ele. "Consideravelmente mais."[19]

Quatorze anos depois, em 12 de julho de 2021, ele publicou um artigo[20] em resposta à reiteração do convite da Otan para filiação da Ucrânia na Aliança. No texto, Putin afirmava que a Rússia havia sido roubada a partir de 1917, data da Revolução, pois os bolcheviques que a lideraram foram muito generosos, àquele tempo, em desenhar as fronteiras dos países que vieram a compor a União Soviética.

Putin também reiterou que considerava os russos e os ucranianos como "um único povo" e que o Ocidente procurava colocar sob sua órbita a Ucrânia, tentando torná-la cada vez mais como um espaço de

---

19 https://www.youtube.com/watch?v=hQ58Yv6kP44. Acesso em 14/07/2022.
20 http://en.kremlin.ru/events/president/news/66181. Acesso em 07/07/2022.

barreira entre a Rússia e a Europa. Continua ele: "Os autores do Ocidente do projeto anti-Rússia configuraram o sistema político ucraniano de tal modo que mesmo que se mudassem os presidentes, membros do parlamento e ministros, as atitudes de separação e inimizade com a Rússia permaneceriam". E sobre Zelensky, Putin provocava: "O *slogan* do atual presidente durante sua campanha era 'alcançar a paz'. Ele chegou ao poder com isso. Mas as promessas acabaram por se tornar mentiras. Nada mudou. E em alguns pontos, a situação na Ucrânia e ao redor de Donbass até piorou". E atacava aqueles que, segundo ele, promoviam um complô contra seu país: "Todos os subterfúgios associados ao projeto anti-Rússia estão claros para nós. E nós nunca deixaremos nossos territórios históricos e as pessoas próximas a nós que vivem lá serem usadas contra a Rússia".

E demonstrava com total convicção os laços fortes que uniam Rússia e Ucrânia: "Estou confiante de que a verdadeira soberania da Ucrânia só é possível em parceria com a Rússia. Nossos laços espirituais, humanos e civilizacionais formados há séculos têm suas origens nas mesmas fontes, foram endurecidos por provações, conquistas e vitórias comuns. Nosso parentesco foi transmitido de geração em geração. Está no coração e na memória das pessoas que vivem na Rússia e na Ucrânia modernas, nos laços de sangue que unem milhões de nossas famílias. Juntos sempre fomos e seremos muitas vezes mais fortes e bem-sucedidos. Pois somos um povo".

E continuou: "Hoje, essas palavras podem ser percebidas por algumas pessoas com hostilidade. Elas podem ser interpretadas de muitas maneiras possíveis. No entanto, muitas pessoas vão me ouvir. E direi uma coisa: a Rússia nunca foi e nunca será 'anti-Ucrânia'. E o que a Ucrânia será cabe aos seus cidadãos decidir".

Para Putin, a Ucrânia havia desperdiçado tudo o que ela havia ganho não só no período soviético, mas também durante o período do império russo, e a ideia de uma Ucrânia livre e autônoma nada mais era que um experimento que não deu certo e que nunca lograria êxito.

Apresentados os fatos, não se pode dar suporte à afirmação de que Putin queria expandir a Rússia e anexar totalmente o território da Ucrânia ao seu país. Há dúvida também a respeito do início da guerra.

Ninguém sabe o que se passava na mente de Putin, mas talvez o plano inicial fosse derrotar a capital, Kiev, para instaurar um governo pró-Rússia, mas respeitando a "soberania" ucraniana como país. A Rússia, com um contingente de "apenas" 190 mil soldados, estrategicamente talvez não tivesse essas aspirações de controle militar total sobre a Ucrânia. E, com o desenrolar da guerra, provavelmente os alvos territoriais da Rússia na Ucrânia podem ter se tornado diferentes daqueles do início do conflito.

De fato, esse conflito pode ser considerado mais como uma guerra da Rússia contra a Otan em território ucraniano.

Guerra declarada

Toda declaração de guerra é um fato histórico. A afirmativa de guerra contra a Ucrânia e a Otan, em pleno século XXI, é um fato que merece ser lido na íntegra.

Uma justificativa da invasão e uma declaração de guerra é o que se pode extrair das palavras de Vladimir Putin nas primeiras horas de 24 de fevereiro de 2022. Tal declaração era dirigida à Ucrânia, mas também aos Estados Unidos e à Otan. E Putin evocou fatos da história, afirmando, por exemplo, que a Rússia não poderia repetir os erros do passado, quando na Segunda Guerra Mundial assinou um pacto de não agressão com a Alemanha de Hitler, mas depois acabou por ser invadida. Por isso, a Rússia deveria, então, tomar a iniciativa como forma de evitar um ataque futuro em seu território.

Abaixo a íntegra da declaração de Putin, realizada nas primeiras horas do dia 24 de fevereiro de 2022, com grifos meus.

> "Caros cidadãos da Rússia! Caros amigos!
>
> Deixem-me começar pelo que disse no meu discurso de 21 de fevereiro deste ano. Estamos falando sobre o que nos causa particular preocupação e ansiedade, sobre essas ameaças fundamentais que ano após ano, passo a passo, são rudemente e sem cerimônias criadas por políticos irresponsáveis no Ocidente em relação ao nosso país. Refiro-me à expansão do bloco da Otan para o leste, aproximando as suas infraestruturas militares das fronteiras russas.

É bem conhecido que durante 30 anos tentamos persistente e pacientemente chegar a um acordo com os principais países da Otan sobre os princípios de segurança igual e indivisível na Europa. Em resposta às nossas propostas, enfrentamos constantemente ou enganos e mentiras cínicas, ou tentativas de pressão e chantagem, enquanto a Aliança do Atlântico Norte, apesar de todos os nossos protestos e preocupações, está em constante expansão. A máquina militar está em movimento e, repito, está se aproximando das nossas fronteiras.

Por que tudo isso está acontecendo? De onde vem esse comportamento arrogante de falar da posição de exclusividade, infalibilidade e permissividade de cada um? De onde vem a atitude desdenhosa para com os nossos interesses e exigências absolutamente legítimas?

A resposta é clara, tudo é claro e óbvio. A União Soviética no final dos anos 80 do século passado enfraqueceu, e depois entrou completamente em colapso. Todo o curso dos acontecimentos que então tiveram lugar é também uma boa lição para nós hoje; mostrou convincentemente que a paralisia do poder e da vontade é o primeiro passo para uma completa degradação e esquecimento. Assim que perdemos a confiança em nós próprios durante algum tempo, e foi só isso, o equilíbrio do poder no mundo acabou por ser perturbado.

Isso levou ao fato de que os tratados e acordos anteriores já não estão em vigor. Ajustes e pedidos não ajudam. Tudo o que não se adequa à hegemonia dos que estão no poder é declarado arcaico, obsoleto, desnecessário. E vice-versa: tudo o que lhes parece benéfico é apresentado como a derradeira verdade, empurrado a todo o custo, grosseiramente, por todos os meios. Quem discorda é posto de joelhos.

O que estou falando agora não diz respeito apenas à Rússia e não apenas a nós. Isto aplica-se a todo o sistema de relações internacionais, e por vezes até aos próprios aliados dos EUA. Após o colapso da URSS, a redivisão do mundo começou de fato, e as normas do direito internacional que se tinham desenvolvido até essa altura — e as fundamentais e básicas foram adotadas no final da Segunda Guerra Mundial e consolidaram em grande parte os seus resultados — começaram a interferir com aqueles que se declararam vencedores da Guerra Fria.

Evidentemente, na vida prática, nas relações internacionais, nas regras da sua regulamentação, foi necessário ter em conta as mudanças na situação do mundo e o próprio equilíbrio de poder. No entanto, isso deveria ter sido feito com profissionalismo, suavidade, paciência, tendo em conta e respeitando os interesses de todos os países e compreendendo a nossa responsabilidade. Mas não: um estado de euforia por parte da superioridade absoluta, uma espécie de forma moderna de absolutismo, e mesmo no contexto de um baixo nível de cultura geral e arrogância daqueles que prepararam, adotaram e impuseram decisões que só eram benéficas para eles próprios. A situação começou a desenvolver-se de acordo com um cenário diferente.

Não é preciso ir muito longe para encontrar exemplos. Primeiro, sem qualquer sanção do Conselho de Segurança da ONU, realizaram uma sangrenta operação militar contra Belgrado, utilizando aviões e mísseis mesmo no centro da Europa. Várias semanas de bombardeios contínuos de cidades pacíficas e de infraestrutura vital. Temos de recordar esses fatos, já que alguns colegas ocidentais não gostam de se lembrar desses acontecimentos, e, quando falamos sobre isso, preferem apontar não para as normas do direito internacional, mas para as circunstâncias que interpretam como lhes parece adequado.

Depois chegou a vez do Iraque, da Líbia, da Síria. O uso ilegítimo da força militar contra a Líbia, a deturpação de todas as decisões do Conselho de Segurança da ONU sobre a questão líbia levaram à destruição completa do Estado, ao surgimento de um enorme foco de terrorismo internacional, mergulhando o país em um desastre humanitário e no pântano de uma longa guerra civil que não terminou até agora. A tragédia, que condenou centenas de milhares, milhões de pessoas não só na Líbia, mas em toda essa região, deu origem a um êxodo migratório maciço do norte da África e do Oriente Médio para a Europa.

Um destino semelhante foi preparado para a Síria. A luta da coligação ocidental no território desse país sem o consentimento do governo sírio e a sanção do Conselho de Segurança da ONU não são mais do que agressões.

No entanto, um lugar especial nessa lista é ocupado, naturalmente, pela invasão do Iraque, também sem qualquer fundamento legal. Como pretexto, escolheram informações fiáveis alegadamente disponíveis para os Estados Unidos sobre a presença de armas de destruição maciça no Iraque. Como prova disso, publicamente, perante os olhos de todo o mundo, o secretário de Estado norte-americano sacudiu uma espécie de tubo de ensaio com pólvora branca, assegurando a todos que essa era a arma química que estava sendo desenvolvida no Iraque. E depois verificou-se que tudo isso era um blefe: não existem armas químicas no Iraque. Inacreditável, surpreendente, mas o fato se mantém. Havia mentiras do mais alto nível estatal e da tribuna principal da ONU. E como resultado: enormes baixas, destruição e um inacreditável aumento do terrorismo.

Em geral, fica-se com a impressão de que praticamente em todo lado, em muitas regiões do mundo, onde o Ocidente vem estabelecer a sua própria ordem, o resultado são feridas sangrentas e não cicatrizadas, úlceras do terrorismo internacional e extremismo. Os exemplos que dei aqui eram os mais gritantes, mas estão longe de ser os únicos de negligência do direito internacional.

Nessa lista se incluem também as promessas ao nosso país de a Otan não expandir nem uma polegada para o leste. Repito: eles enganaram ou, para falar a língua do povo, simplesmente "largaram mão". Sim, pode-se ouvir muitas vezes que a política é um negócio sujo. Talvez, mas não na mesma medida. Afinal de contas, tal comportamento enganoso contradiz não só os princípios das relações internacionais, mas sobretudo as normas geralmente reconhecidas de moral e ética. Onde está aqui a justiça e a verdade? Apenas um monte de mentiras e hipocrisia.

A propósito, os próprios políticos, cientistas políticos e jornalistas americanos escrevem e falam sobre o fato de ter sido criado um verdadeiro "império de mentiras" dentro dos Estados Unidos nos últimos anos. É difícil discordar disso; é verdade. Entretanto não é preciso ser comedido: os Estados Unidos continuam a ser um grande país, um poder formador de sistemas. Todos os seus países-satélites não só fazem coro e eco aos EUA, dócil e resignadamente, mas também copiam seu comportamento e aceitam, entusiasmadamente, as regras que lhes são propostas. Portanto, com razão, podemos afirmar com confiança que todo o chamado bloco ocidental, formado pelos Estados Unidos à sua própria imagem e semelhança, é o próprio "império da mentira".

Quanto ao nosso país, após o colapso da URSS, com toda a abertura sem precedentes da nova Rússia moderna, a disponibilidade para trabalhar honestamente com os Estados Unidos e outros parceiros ocidentais, e nas condições de desarmamento praticamente unilateral, eles tentaram imediatamente apertar-nos, acabar conosco e destruir-nos completamente. Foi exatamente isso que aconteceu nos anos 90, no início dos anos 2000, quando o chamado Ocidente coletivo apoiou mais ativamente o separatismo e os bandos mercenários no sul da Rússia. Que sacrifícios, que perdas nos custaram então tudo isso, que julgamentos tivemos de suportar antes de finalmente nos livrarmos do terrorismo internacional no Cáucaso! Lembramo-nos disso e nunca esqueceremos.

Sim, de fato, até recentemente, não pararam as tentativas de nos usar para o seu próprio interesse, destruir os nossos valores tradicionais e impor-nos os seus pseudovalores que nos corroeriam — atitudes essas que já estão plantando agressivamente nos seus países e que conduzem diretamente à degradação e degeneração, porque contradizem a própria natureza do homem. Isso não vai acontecer, nunca ninguém o fez. Também não vai funcionar agora.

Apesar de tudo, em dezembro de 2021, fizemos uma vez mais uma tentativa de chegar a um acordo com os Estados Unidos e seus aliados sobre os princípios de garantir a segurança na Europa e sobre a não expansão da Otan. Tudo foi em vão. A posição dos EUA não muda. Eles não consideram necessário negociar com a Rússia sobre essa questão-chave para nós, perseguindo os seus próprios objetivos, negligenciando os nossos interesses.

E, claro, nessa situação, temos uma questão: o que fazer a seguir, o que esperar? Sabemos bem, a partir da História, como entre 1940 e o início de 1941 a União Soviética tentou de todas as formas possíveis evitar ou pelo menos atrasar a eclosão da guerra. Para tal, entre outras coisas, tentou literalmente até o fim não provocar um potencial agressor, não levou a cabo ou adiou as ações mais necessárias e óbvias para se preparar para repelir um ataque inevitável. E as medidas que foram tomadas no final foram catastroficamente atrasadas.

Como resultado, o país não estava preparado para enfrentar plenamente a invasão da Alemanha nazista, que atacou a nossa pátria a 22 de junho de 1941 sem declarar guerra. O inimigo foi detido e depois esmagado, mas a um custo colossal. Uma tentativa de apaziguar o agressor na véspera da Grande Guerra Patriótica revelou-se um erro que custou caro ao nosso povo. Logo nos primeiros meses de hostilidades, perdemos territórios enormes e estrategicamente importantes e milhões de pessoas. Na segunda vez não permitiremos tal erro, não temos o direito de fazê-lo.

Aqueles que reivindicam o domínio mundial, publicamente, com impunidade e, sublinho, sem qualquer razão, declaram-nos a nós, Rússia, seu inimigo. De fato, hoje em dia eles têm grandes capacidades financeiras, científicas, tecnológicas e militares. Estamos conscientes disso e avaliamos objetivamente as ameaças que nos são constantemente dirigidas na esfera econômica, bem como a nossa capacidade de resistir a essa chantagem insolente e permanente. Repito: nós os avaliamos sem ilusões, de forma extremamente realista.

Quanto à esfera militar, a Rússia moderna, mesmo após o colapso da URSS e a perda de uma parte significativa do seu potencial, é hoje uma das potências nucleares mais poderosas do mundo e, além disso, tem certas vantagens em alguns dos últimos tipos de armas. A esse respeito, ninguém deve ter quaisquer dúvidas de que um ataque direto ao nosso país levará à derrota e a consequências desastrosas para qualquer agressor potencial.

Ao mesmo tempo, as tecnologias, incluindo as tecnologias de defesa, estão mudando rapidamente. A liderança nessa área está passando e continuará a mudar de mãos, mas o desenvolvimento militar dos territórios adjacentes às nossas fronteiras, se o permitirmos, permanecerá por décadas, e talvez para sempre, e criará uma ameaça cada vez maior e absolutamente inaceitável para a Rússia.

Mesmo agora, à medida que a Otan se expande para o leste, a situação do nosso país está piorando e torna-se cada vez mais perigosa a cada ano que passa. Além disso, nos últimos dias, a liderança da Otan tem falado abertamente sobre a necessidade de acelerar o avanço das infraestruturas da Aliança até as fronteiras da Rússia. Em outras palavras, eles estão endurecendo a sua posição. Já não podemos simplesmente continuar a observar o que está acontecendo. Seria absolutamente irresponsável da nossa parte.

Uma maior expansão das infraestruturas da Aliança do Atlântico Norte, o desenvolvimento militar dos territórios da Ucrânia que começou é inaceitável para nós. A questão, evidentemente, não é a organização Otan em si — é apenas um instrumento da política externa dos EUA. O problema é que, nos territórios adjacentes a nós, verifico, nos nossos próprios territórios históricos, que está sendo criada uma "anti-Rússia" hostil a nós, que foi colocada sob completo controle externo, é intensamente controlado pelas forças armadas dos países da Otan e é dotado das mais modernas armas.

Para os Estados Unidos e os seus aliados, essa é a chamada política de contenção da Rússia, com dividendos geopolíticos óbvios. E, para o nosso país, trata-se, em última análise, de uma questão de vida ou morte, uma questão do nosso futuro histórico como povo. E isso não é um exagero: é verdade. Trata-se de uma ameaça real não apenas aos nossos interesses, mas à própria existência do nosso Estado, à sua soberania. Essa é a própria linha vermelha de que se tem falado muitas vezes. Eles a ultrapassaram.

A esse respeito e sobre a situação no Donbass, vemos que as forças que levaram a cabo um golpe de Estado na Ucrânia em 2014 tomaram o poder e o mantém com a ajuda, de fato, de procedimentos eleitorais decorativos, e recusaram definitivamente uma resolução pacífica do conflito. Durante oito anos, longos oito anos, fizemos todos os possíveis esforços para resolver a situação por meios pacíficos e políticos. Tudo em vão.

Como disse no meu discurso anterior, não se pode olhar para o que está acontecendo ali sem compaixão. Era simplesmente impossível suportar tudo isso. Era necessário acabar imediatamente com este pesadelo: o genocídio contra milhões de pessoas que lá vivem — que dependem apenas da Rússia, que esperam apenas de nós. Foram essas aspirações, sentimentos, dor das pessoas que foram para nós o principal motivo para tomarmos a decisão de reconhecer as repúblicas populares de Donbass.

O que penso que é importante enfatizar também: os principais países da Otan, para alcançar os seus próprios objetivos, apoiam em tudo os nacionalistas extremistas e neonazistas na Ucrânia, os quais, por sua vez, nunca perdoarão aos criminosos e aos residentes de Sebastopol pela sua livre escolha: a reunificação com a Rússia.

Eles, naturalmente, entrarão na Crimeia, e tal como no Donbass, com uma guerra, a fim de matar, como os bandos de nacionalistas ucranianos, cúmplices de Hitler, mataram pessoas indefesas durante a Grande Guerra Patriótica. Eles declaram abertamente que reivindicam uma série de outros territórios russos.

Todo o curso dos acontecimentos e a análise da informação recebida mostram que o confronto da Rússia com essas forças é inevitável. É apenas uma questão de tempo: eles estão se preparando, estão à espera do momento certo. Agora também afirmam possuir armas nucleares. Não vamos permitir que isso seja feito.

Como disse anteriormente, após o colapso da URSS, a Rússia aceitou novas realidades geopolíticas. Respeitamos e continuaremos a tratar com respeito todos os países recém-formados no espaço pós-soviético. Respeitamos e continuaremos a respeitar a sua soberania, e um exemplo disso é a assistência que prestamos ao Cazaquistão, que enfrentou acontecimentos trágicos, com um desafio à sua condição de Estado e integridade. Entretanto a Rússia não pode se sentir segura, desenvolver-se, existir com uma ameaça constante que emana do território da Ucrânia moderna.

Permitam-me recordar que em 2000-2005 demos uma resposta militar aos terroristas no Cáucaso, defendemos a integridade do nosso Estado, salvamos a Rússia. Em 2014, apoiamos os cidadãos da Crimeia e os residentes de Sebastopol. Em 2015, colocamos em uso nossas Forças Armadas para montar um bloqueio à penetração de terroristas da Síria na Rússia. Não tínhamos outra forma de nos proteger.

A mesma coisa está acontecendo agora. Simplesmente não nos foi deixada qualquer outra oportunidade de proteger a Rússia, o nosso povo, exceto aquela que seremos forçados a utilizar hoje. As circunstâncias exigem que tomemos medidas decisivas e imediatas. As repúblicas populares de Donbass voltaram-se para a Rússia com um pedido de ajuda.

A esse respeito, em conformidade com o artigo 51, parágrafo 7, da Carta das Nações Unidas, com a sanção do Conselho da Federação da Rússia e em cumprimento dos tratados de amizade e assistência mútua ratificados pela Assembleia Federal em 22 de fevereiro deste ano com a República Popular de Donetsk e a República Popular de Lugansk, decidi conduzir uma operação militar especial.

O seu objetivo é proteger as pessoas que foram sujeitas à intimidação e ao genocídio pelo regime de Kiev durante oito anos. E para isso lutaremos pela desmilitarização e desnazificação da Ucrânia, bem como levaremos à justiça aqueles que cometeram numerosos e sangrentos crimes contra civis, incluindo cidadãos da Federação Russa.

Ao mesmo tempo, os nossos planos não incluem a ocupação de territórios ucranianos. Não vamos impor nada a ninguém pela força. Ouvimos dizer que no Ocidente há cada vez mais afirmações de que os documentos assinados pelo regime totalitário soviético, que consolidam os resultados da Segunda Guerra Mundial, já não deveriam ser executados. Bem, qual é a resposta a isso?

Os resultados da Segunda Guerra Mundial, assim como os sacrifícios feitos pelo nosso povo no altar da vitória sobre o nazismo, são sagrados. Isso, porém, não contradiz os elevados valores dos direitos humanos e das liberdades, com base nas realidades que se desenvolveram hoje ao longo de todas as décadas do pós-guerra. Também não anula o direito das nações à autodeterminação, consagrado no artigo 1º da Carta das Nações Unidas.

Permitam-me recordar que nem durante a criação da URSS, nem após a Segunda Guerra Mundial, ninguém nunca perguntou às pessoas que vivem em certos territórios que fazem parte da Ucrânia moderna como é que elas próprias querem organizar suas vidas. A nossa política baseia-se na liberdade, na liberdade de escolha de cada um para determinar independentemente o seu próprio futuro e o futuro dos seus filhos. E consideramos importante que este direito — o direito de escolha — possa ser utilizado por todos os povos que vivem no território da Ucrânia de hoje, por todos os que o desejem.

A esse respeito, apelo aos cidadãos da Ucrânia. Em 2014, a Rússia foi obrigada a proteger os habitantes da Crimeia e Sebastopol contra aqueles a quem vocês próprios chamam "nazistas". Os habitantes da Crimeia e Sebastopol fizeram a sua escolha de estar com a sua pátria histórica, a Rússia, e nós apoiamos isso. Repito, eles simplesmente não poderiam fazer o contrário.

Os acontecimentos de hoje não estão ligados ao desejo de infringir os interesses da Ucrânia e do povo ucraniano. Estão ligados à proteção da própria Rússia contra aqueles que fizeram da Ucrânia refém e estão a tentar usá-la contra o nosso país e o seu povo.

Repito, as nossas ações são de autodefesa contra as ameaças que nos são feitas e de um desastre ainda maior do que o que está acontecendo hoje. Por mais difícil que seja, peço-vos que compreendam isso e apelo à cooperação a fim de virar essa trágica página o mais depressa possível e avançarmos juntos, não para permitir que ninguém interfira nos nossos assuntos, nas nossas relações, mas para as construir por nós próprios, de modo a criar as condições necessárias à superação de todos os problemas e, apesar da presença de fronteiras estatais, a fortalecer-nos a partir de dentro como um todo. Acredito nisso; nisso está o nosso futuro.

Devo também apelar ao pessoal militar das forças armadas da Ucrânia.

Caros camaradas! Os vossos pais, avós, bisavós não lutaram contra os nazistas, defendendo a nossa pátria comum, para que os neonazistas de hoje tomem o poder na Ucrânia. Vocês fizeram um juramento de fidelidade ao povo ucraniano, e não à junta antipopular que saqueia a Ucrânia e escarnece desse mesmo povo.

Não sigam as suas ordens criminosas. Exorto-os a depor imediatamente as armas e irem para casa. Deixem-me explicar: todos os militares do exército ucraniano que cumprirem esse requisito poderão abandonar livremente a zona de combate e regressar às suas famílias.

Mais uma vez, insisto: toda a responsabilidade por um possível derramamento de sangue ficará inteiramente na consciência do regime que governa no território da Ucrânia.

Agora algumas palavras importantes, muito importantes para aqueles que possam ser tentados a intervir nos acontecimentos em curso. Quem nos tentar impedir, e ainda mais para criar ameaças ao nosso país, ao nosso povo, deve saber que a resposta da Rússia será imediata e que levará a consequências de tal ordem que nunca experimentaram na sua história. Estamos prontos para qualquer avanço dos acontecimentos. Todas as decisões necessárias a esse respeito já foram tomadas. Espero ser ouvido.

Caros cidadãos da Rússia!

O bem-estar, a própria existência de Estados e povos inteiros, o seu sucesso e viabilidade têm sempre origem no poderoso sistema de raízes da sua cultura e valores, experiência e tradições dos seus antepassados e, claro, dependem diretamente da capacidade de adaptação rápida a uma vida em constante mudança, da coesão da sociedade, da sua prontidão para se consolidar, de reunir todas as forças para avançar.

As forças são sempre necessárias — sempre, mas a força pode ser de qualidade diferente. A política do "império da mentira", de que falei no início do meu discurso, baseia-se principalmente na força bruta e direta. Nesses casos, dizemos: "Ter força dispensa inteligência".

E você e eu sabemos que a verdadeira força reside na justiça e na verdade, que estão do nosso lado. E se assim é, então é difícil discordar do fato de que é a força e a prontidão para lutar que estão na base da independência e soberania, são os alicerces necessários sobre os quais se poderá construir o seu futuro de forma fiável, construir a sua casa, a sua família, a sua pátria.

Caros compatriotas!

Estou confiante de que os soldados e oficiais das Forças Armadas russas dedicados ao seu país cumprirão profissional e corajosamente o seu dever. Não tenho dúvidas de que todos os níveis de governo, especialistas responsáveis pela estabilidade da nossa economia, sistema financeiro, esfera social, chefes das nossas empresas e todos os negócios russos atuarão de forma coordenada e eficiente. Conto com uma posição consolidada e patriótica de todos os partidos parlamentares e forças públicas.

Em última análise, como sempre foi na História, o destino da Rússia está nas mãos capazes do nosso povo multiétnico. E isso significa que as decisões tomadas serão implementadas, os objetivos estabelecidos serão alcançados, a segurança da nossa Pátria será garantida.

Acredito no vosso apoio, nessa força invencível que o nosso amor pela Pátria nos dá."

A guerra e a Terra: perspectivas e desafios

A inflação e a desigualdade perversa

A primeira consequência sentida na pele por quase todos os habitantes do planeta foi a inflação. Os preços dos alimentos, do transporte, da matéria-prima dispararam, e a alta afetou certamente os mais pobres.

Desta vez, porém, a inflação se democratizou e atingiu também, com taxas recordes, os países mais desenvolvidos e sua classe média. Para se ter o básico é cada vez mais caro e difícil, mesmo nos países considerados ricos. E, com o enfraquecimento constante dos sindicatos, será difícil que o aumento dos salários faça frente à perda da inflação. O ganho "real" será negativo. Por outro lado, com o aumento da taxa de juros, os mais ricos conseguem fazer seus investimentos atingirem lucros ainda maiores. Viver de renda fica cada vez mais fácil.

Nova Otan e aumento dos gastos militares

A Otan sairia do ostracismo em 29 de junho de 2022, em Madri, capital da Espanha, com o claro objetivo de se defender da Rússia, a qual, segundo o documento assinado pelos países-membros, queria "estabelecer esferas de influência e controle direto por coerção, subversão, agressão e anexação". E prosseguia: "A escalada militar de Moscou, incluindo as regiões dos mares Báltico, Negro e Mediterrâneo, além de sua integração militar com Belarus, desafia nossas segurança e interesses". Para fazer frente, o comprometimento dos países de aumentar os gastos militares, de 2% do PIB, percentual que em 2021, apenas oito dos 30 países da Aliança atingiram. A meta é que nove países atinjam o piso em 2022 e 19 em 2024.

A adesão da Finlândia e da Suécia também é provável. Caso entrem na Aliança, a OTAN ganharia, através da Finlândia, mais de mil quilômetros de fronteira com a Rússia, e a Suécia com sua base industrial robusta e tecnologia.

China e Rússia: novos centros de poder?

A China parece jogar com uma certa ambiguidade. Não está claro de que lado ela está, se é que está de algum.

E por que não supor que a própria China queira uma Rússia enfraquecida, focando seus esforços na guerra e se desmantelando economicamente? Assim é mais um país que se voltará a ela pedindo socorro. O socorro virá, mas também o seu preço. Os aliados que a China escolhe para si historicamente têm sido apenas por convenção, por negócios, e quase nunca por ideologia. Uma Rússia enfraquecida nos braços da China é o que parece mais plausível neste momento. Enquanto Putin parecer querer forjar um casamento, do lado chinês se percebe, no máximo, um flerte sem compromisso algum. São grandes as assimetrias que essa parceria expõe.

A reconstrução da Ucrânia

A renovação da Ucrânia como nação, ao fim da guerra, passará não só por elevados investimentos econômicos e sociais. Será preciso lidar com a queda da população, a provável baixa da população masculina e a cura da dor e dos traumas que a guerra impõe.

A reconstrução exigirá um planejamento multianual, com aportes elevados de dinheiro ao governo, cuidado com as organizações do terceiro setor, a preocupação com a fome e o desemprego. Uma nova Ucrânia renascerá praticamente das cinzas.

A crise econômica e social na Rússia

"Rússia, para onde estás correndo? Responde! Ela não dá resposta alguma", escrevera Nikolai Gogol.

Uma das apostas da Rússia para a recuperação econômica pós-pandemia era exatamente do setor de tecnologia. Entretanto a guerra provocou um grande êxodo de trabalhadores daquele ramo, não só na Rússia como na Bielorrússia também. Estima-se que em menos de um mês após o início do conflito até 70.000 trabalhadores do setor de tecnologia possam ter deixado o país rumo a nações vizinhas, um contingente que pode ter ultrapassado os 200.000 se considerados todos os ramos. E uma das formas que o governo encontrou para tentar frear a fuga desses cérebros foi isentar do serviço militar obrigatório os jovens trabalhadores do setor de tecnologia, além de diminuir ou isentar os impostos das empresas do ramo, com a promessa de diminuição das inspeções e a concessão de empréstimos a juros menores.

Além da fuga de cérebros, outro desafio que se impõe à Rússia é a evasão de milionários. Segundo um estudo publicado no jornal inglês The Guardian[21], 15 mil russos, que representam 15% dos russos com mais de um milhão de dólares, poderiam deixar seu país até o final de 2022, acelerando uma tendência que já se observava nos últimos anos. A reportagem ainda afirma que, historicamente, a emigração de pessoas ricas — que geralmente são as primeiras a abandonar o país por ter meio de fazê-lo — precede os grandes colapsos das nações.

O conflito empobrece a própria Rússia, e dificilmente ela escapará de uma profunda crise econômica e social. A guerra mandará sua conta. Putin parece não ter um plano de futuro para seu país, mas apenas o de viver o poder pelo simples exercício do mesmo.

O tiro de Putin saiu pela culatra. Ouvimos agora os gritos de uma potência em decadência, cujos ecos ainda hão de reverberar por anos.

Alguns beneficiados

Já países do antigo bloco soviético, como a Armênia, por exemplo, se aproveitaram positivamente do êxodo de trabalhadores qualificados de ambos os países. Os impactos das sanções econômicas contra a Rússia foram, para as nações vizinhas, sob certo prisma, positivos. Muitas companhias russas moveram suas bases para a Armênia — primordialmente

---

21 https://www.theguardian.com/world/2022/jun/13/more-than-15000-millionaires-expected-to-leave-russia-in-2022. Acesso em 02/07/2022.

as empresas do ramo de tecnologia da informação — e consequentemente seus funcionários, o que ocasionou, em um primeiro momento, uma lotação nos hotéis, e semanas depois, o deslocamento para apartamentos residenciais, não somente na capital Ierevan, mas também nas cidades ao redor. Muitos dos proprietários dos apartamentos que eram ocupados por armênios aproveitaram-se da ocasião para aumentar os preços dos seus respectivos aluguéis. Muitos deles não tinham condição de pagar o reajuste e tiveram que deixá-los, já que não tinham contrato de aluguel (uma prática muito comum para que não se pague impostos). Também houve aumento da arrecadação de supermercados, restaurantes, bares e toda a rede de comércio pelo gasto excepcional que a população russa empreendia.

Na Geórgia, por exemplo, muitos imigrantes russos e bielorrussos abriam empresas individuais, fato que permitia a abertura de contas bancárias naquele país.

A necessidade urgente das energias renováveis

Certas batalhas e guerras têm como consequência a criação de novos caminhos e novos padrões, que tanto as nações que lutam quanto as outras têm se conformar. O atual conflito exibe mais um grande paradoxo do nosso tempo: se esta guerra não der fim ao planeta — a ameaça de bomba atômica, o conflito se arrastando e expandindo as fronteiras — ela pode ajudar a "salvá-lo". A guerra foi o gatilho para a Europa, os Estados Unidos e outros países importantes buscarem novas fontes de energia limpa e renovável.

O aumento e a manutenção dos preços do gás e do petróleo em índices elevados trará uma mudança maciça nos investimentos para veículos elétricos, energia renovável e limpa. A dependência dos combustíveis fósseis deverá enfrentar uma franca queda no avanço dos países mais ricos rumo à descarbonização.

O levante mundial

Uma guerra visível a olho nu do espaço. Essa é a maior impressão que um astronauta alemão teve em sua missão espacial. Lá do alto, ele "podia ver os impactos dos primeiros dias da guerra", como os "relâmpagos" à noite em Kiev e também os foguetes lançados contra a cidade. Ainda para ele, "os eventos eram claramente reconhecíveis", a ponto de poder observar "enormes nuvens de fumaça sobre cidades como Mariupol". O astronauta também declarou que "a guerra vista de cima é cem vezes mais irracional do que do chão".[22] Talvez porque ele não a tenha vivenciado realmente do chão, do *front* de batalha e das notícias que chegavam da Terra e por terra.

A clássica literatura russa bem narra a tragédia individual e coletiva da vida humana. Agora a Rússia de Putin protagoniza a maior tragédia do nosso século.

Neste último capítulo, fiz um exercício de listar e analisar as perspectivas e desafios que a humanidade terá após dois episódios tão históricos e marcantes — na verdade, a guerra ainda se desenrola quando escrevo estas últimas páginas, e causa cada dia seus danos.

Estamos apenas no início de uma macrorreconfiguração geopolítica que somente os próximos anos revelarão com mais clareza.

Qualquer conflito, em seu início, dá uma falsa sensação de brevidade. A pandemia de covid-19, que se esperava que durasse algumas poucas semanas, perdurou por cerca de dois anos e ainda segue fazendo vítimas. Tinha-se a mesma percepção com relação à guerra da Rússia contra a Ucrânia. Para muitos, a guerra não aconteceria, e, se começasse, dentro de poucos dias, talvez até mesmo em menos de uma semana, já teria tido fim.

A guerra só acontece, de fato, depois de ameaças e de sinais. Várias demonstrações são dadas antes de o conflito realmente iniciar no campo de batalha. Assim como, para que cesse, são necessários pequenos acordos prévios, longas conversas, o que, neste final de 2022, está longe do radar.

Os atos de Putin ressoam mundialmente. Mesmo não havendo apenas um só responsável, fica difícil eximir Putin da culpa pelo saldo de tantas mortes.

Suas proezas, façanhas e seu mal se fizeram sentir por todo o mundo. Fome, miséria, empobrecimento e inflação são as heranças do

---

[22] https://www.uol.com.br/tilt/noticias/redacao/2022/05/27/guerra-na-ucrania-e-visivel-a-olho-nu-do-espaco--revela-astronauta-alemao.htm. Acesso em 25/06/2022.

czar dos tempos modernos. A longa duração da guerra seguirá fazendo vítimas, ceifando vidas e levando desespero e desalento ao povo ucraniano e dos demais países diretamente atingidos pelo conflito, como se viu na voz das testemunhas aqui relatadas. Mas é ingenuidade acreditar que essas histórias, mesmo tão cruas e verdadeiras, consigam sensibilizar a sanha de Putin pela vitória a qualquer preço, como definiu uma das mulheres com quem conversei. Que sirvam, então, de reflexão aos leitores para que entendam que uma guerra não termina quando se para de ler, assistir ou ouvir sobre ela. O sofrimento das ucranianas não cessa quando o mundo perde o interesse pelo que acontece naquela parte do planeta. É preciso, sim, seguir falando da guerra, dando voz ao lado mais frágil do conflito: as pessoas comuns.

Referências

ALEKSIÉVITCH, Svetlana. *A guerra não tem rosto de mulher*. Companhia das Letras, São Paulo, 2016.

ALEKSIÉVITCH, Svetlana. *Vozes de Tchernóbil. A história oral do desastre nuclear*. São Paulo: Companhia das Letras, 2016.

ALEKSIÉVITCH, Svetlana. *Meninos de Zinco*. São Paulo: Companhia das Letras, 2020.

ALEKSIÉVITCH, Svetlana. *As últimas testemunhas: crianças na Segunda Guerra Mundial*. São Paulo: Companhia das Letras, 2018.

ALEKSIÉVITCH, Svetlana. *O fim do homem soviético*. São Paulo: Companhia das Letras, 2016.

APPLEBAUM, Anne. *A Fome Vermelha: A guerra de Stalin na Ucrânia*. Rio de Janeiro: Record, 2019.

DUGIN, Alexander. *A quarta teoria política*. Ars Regia Editora, São Paulo, 2021.

DUGIN, Alexander. *Teoria do mundo multipolar*. Lisboa: IAEG, 2012.

DUGIN, Alexandre; CARVALHO, Olavo de. *Os EUA e a Nova Ordem Mundial*. Campinas: Vide Editorial, 2020.

FIGES, Orlando. *Uma história cultural da Rússia*. Rio de Janeiro: Record, 2017.

FIGES, Orlando. *A tragédia de um povo. A Revolução Russa (1891-1924)*. Rio de Janeiro: Record, 1999.

GUMIERO, Gustavo. *Pandemia no Brasil. Fatos, falhas... e atos*. Campinas: Referência, 2022.

MEYERS, Steven Lee. *O novo czar: ascensão e reinado de Vladimir Putin*. Barueri: Amarilys Editora, 2018.

MONTEFIORE, Simon Sebag. *Os Romanov. 1613-1918*. São Paulo: Companhia das Letras, 2016.

ORWELL, George. *A revolução dos bichos*. São Paulo: Companhia das Letras, 2007.

ORWELL, George. *1984*. São Paulo: Companhia das Letras, 2009.

REED, John. *Dez dias que abalaram o mundo*. São Paulo: Penguin-Companhia, 2010.

TEITELBAUM, Benjamin R. *Guerra pela Eternidade. O retorno do Tradicionalismo e a ascensão da direita populista*. Campinas: Editora da Unicamp, 2020.

TRÓTSKI, Leon. *História da Revolução Russa*. São Paulo: Montecristo Editora, 2022.